Norbert Schaaf

mandorla

Expedition
in den Zwischenraum

Urachhaus

ISBN 3-8251-7385-2

Erschienen 2002 im Verlag Urachhaus

Druck: Offizin Chr. Scheufele, Stuttgart

Inhalt

Vorwort

Expedition Mandorla.
Zwei Worte, die mir einzeln jedes für sich und in ihrer Kombination wichtig geworden sind.
Das erste bedeutet einen Weg ins Unbekannte mit dem Ziel, dieses Unbekannte zu erforschen. Eine Herausforderung. Vorbereitung und Aufmerksamkeit sind notwendig.
Das zweite ist eine Aura, eine Ortsbeschreibung, ein Ausnahmezustand. Ungewöhnlich schon, dass sie in die Sichtbarkeit tritt. Oder ist sie nur eine religiöse Kunst-Vorstellung: der Heiligenschein, Umkreis des Christus etwa?

Also zwei denkbar gegensätzliche Begriffe:
Der eine: Anstrengung des wissenschaftlichen Menschen.
Der andere: Aufblühen des Heiligen.

Was hier nun ein Buch geworden ist, will berichten von einer Expedition, die nichts anderes im Sinn hat, als eben dieser Mandorla zu begegnen, wobei »Bericht« so klingt, als handele es sich um ein Ergebnis. Dann aber hätte ich es nicht aufschreiben müssen. Ich kann den Nachlesenden nur dazu anregen, den Weg dieser Expedition selbst zu gehen. Ergebnisse wird jeder in sich selbst finden müssen.

Die Kapitel mit ihren unterschiedlichen Such-Arten bilden ab, wie oder mit was ich selber im Laufe der Jahre gearbeitet habe, in meinem Beruf als Priester und Seelsorger, als Lehrer und Maler – oder einfach als ein Zeitgenosse.
Und alles Tun war von der Frage bestimmt: Wie muss ich meinen Sinn, meine Sinne, meine Wahrnehmung wandeln, um dem gegen-

wärtigen Christus zu begegnen? Wie erfahre ich ihn in seiner heutigen Mandorla? Und so geht es in diesem Buch letztlich um eine Kunst: um die Kunst der Sinneswandlung.

Auch will ich nicht so tun, als hätte ich diese Kunst erfunden: Vielmehr weiß ich mich im Schatten hervorragender Pioniere und werde gerade auch ihre Tätigkeiten erfahrbar zu machen versuchen: Beuys, Cage, Celan, Handke, Lusseyran und Steiner.

Ich widme dieses Buch meiner Frau Beate, den Bewohnern der hiesigen Niemandsbucht und der Gemeinde Pforzheim. Von ihnen wurde ich angeregt und ermutigt, immer wieder neu den Zwischenraum aufzusuchen.
Ein besonderer Dank geht an Harald Kröner, der dem Buch seine äußere Gestalt gegeben hat.

I

In der Mandel

Mandorla

In der Mandel – was steht in der Mandel?
Das Nichts.
Es steht das Nichts in der Mandel.
Da steht es und steht.

Im Nichts – wer steht da? Der König.
Da steht der König, der König.
Da steht er und steht.

Judenlocke, wirst nicht grau.

Und dein Aug – wohin steht dein Auge?
Dein Aug steht der Mandel entgegen.
Dein Aug, dem Nichts stehts entgegen.
Es steht zum König.
So steht es und steht.

Menschenlocke, wirst nicht grau.
Leere Mandel, königsblau.

Wie, wenn bereits als Überschrift das Wort Mandel eingesetzt wäre? Aber Paul Celan begrüßt die Nachdenkenden, die Nachdichtenden, zunächst freundlich mit einem alten klangvollen und ehrwürdigen Namen, der fast schon das Gewicht eines Mantrams hat: *Mandorla*. Auch Mandorla heißt Mandel, meint aber mehr: Denn schon sehe ich vor mir die Darstellung des thronenden Christus, etwa in Chartres, inmitten seiner mandelförmigen Aura. Der Heilige, in einem ihn einfassenden, ihm Raum gebenden Umriss, einer Mandorla. Und mit diesem aus dem Mittelalter stammenden Begriff verspricht das Gedicht, von einer ebensolchen Imagination zu berichten, oder sie neu zu entwerfen; und ich bin geneigt, ja gestimmt, in dieser Blickrichtung weiterzugehen.

Doch drinnen, im Gedicht, ist aber anderes, als jetzt erwartet! Nichts ist mehr da von der warmen Autorität des Titels, ein Klimawechsel muss erlitten werden; ich finde fremdartig offenes Gelände vor, wo knapp und kühl Fragen warten, die konfrontieren mit dem Hier und Jetzt, mit der eigenen Gegenwart, mit meiner Gegenwart.

Da heißt es jetzt nur noch Mandel: »In der Mandel – was steht in der Mandel? Das Nichts.« Der heilige Zwischenraum gibt heute nicht gleich seinen Inhalt zu erkennen, sein Wesen, sondern er klafft vielmehr auf, als umfinge er nichts. So ist Religion heute zuerst und immer wieder die Auseinandersetzung mit dem Nichts, das muss erst einmal ausgehalten werden, das Unsichtbare! »Es steht das Nichts in der Mandel. Da steht es und steht.«

Aber Celan fragt unbeirrt weiter, und er tut es zügig, als wäre er selbst diesen Frageweg schon oft gegangen: »Im Nichts – wer steht da? Der König.« Wer aber standhält diesem vermeintlichen Nichts, wer es annimmt, der kann erfahren, dass es etwas in sich birgt: den König. »Da steht der König, der König. Da steht er und steht.« Wenn Mandel das kleine, nüchterne Wort war für die große Mandorla – von was ist dann jetzt König die kleinere, engere Bezeichnung? Paul Celan gehörte dem jüdischen Glauben an, er sprach die Vokabeln dieser Religion und da heißt König der Kommende, der zukünftige Herrscher, der Messias. Im Unsichtbaren ist sein Ankunftsbereich, da tritt er hervor in unsere Gegenwart.

»Judenlocke wirst nicht grau.« Herb schiebt sich diese Zeile in das Fortlaufende des Gedichts, unvermittelt, und Celan lässt dem Leser keine Zeit, das Rätsel dieses Einschubs zu bedenken; denn er fragt weiter und direkter *mich* als bisher: »Und dein Aug – wohin steht dein Auge?« Und du – wie steht's mit dir und deiner Wahrnehmung? Wie blickst du in jene Bereiche? Du!

Er ist nun bei mir angelangt, die ganze Dynamik ist also ein Zugehen auf mich gewesen, kein rhetorisches Frage-Antwort-Spiel, sondern die Hereinholung meiner selbst in einen konkreten Dialog. Da ist die zentrale Frage, auf die es ankommt: und dein Aug?, diese Frage ist an mich gerichtet. Allerdings komme ich auch jetzt nicht in Verlegenheit nachzugrübeln, vielmehr werde ich hineingezogen in den Strudel der nun folgenden Tatsachen, die ich staunend zur Kenntnis nehme: »Dein Aug steht der Mandel entgegen. Dein Aug, dem Nichts stehts entgegen. Es steht zum König. So steht es und steht.« Ja wer kann denn das von meinem Auge sagen, so als wäre es eine objektive, der Wahrnehmung eingeborene Tendenz, der Mandel, dem Nichts, dem König entgegenzustehen?

Und überhaupt: Was heißt denn *Stehen*? Das Nichts *steht* in der Mandel, der König *steht* im Nichts und mein Auge *steht* allen drei Bereichen entgegen, seine spezifische Tätigkeit scheint gerade im Entgegenstehen und Stehen zu bestehen!?

Und auch die Art, wie das Nichts und der König sich offenbaren, ist ein solches Stehen, so dass alle mit den gleichen Mitteln aufeinander zugehen, sie üben eine verwandte, aufeinander zustrebende Tätigkeit aus, das Nichts, der König und mein Auge, und diese Tätigkeit kann Celan nur aussprechen durch die Einsetzung eines Verbes, das gerade im Wahrnehmungsbereich neu und fremd ist, es passt nicht in den Wortgebrauch, ist verfremdet und unverständlich (nicht Angelegenheit des Verstandes). Ist es gerade deswegen in der Lage, die sonst unbegreifbare Zone »Mandorla«, von der ich selbst am Ende sogar ein Be-stand-teil bin, auszuloten?

Noch fehlen die letzten beiden Zeilen:
»Menschenlocke, wirst nicht grau. Leere Mandel, königsblau.« Der Einschub von oben (»Judenlocke, wirst nicht grau«) findet hier eine überraschende Fortsetzung.
Jetzt innerlich zurückfädeln zu dem ersten Auftauchen dieses Untergrundthemas, und seine Entwicklung bemerken, die inzwischen geschehen konnte: Was oben noch reagierte auf den siebenzeiligen, scheinbar innerjüdischen Diskurs über die Messias-

erwartung, ist jetzt, nachdem »mein Aug'« hinzugekommen ist, herangereift zu einer Menschheitsangelegenheit; da ist etwas, was uns alle nicht grau werden, nicht altern lässt: die »leere Mandel, königsblau.« Die Mandel, das Nichts, der König, das Blau (meines Auges vielleicht, das der Mandel entgegensteht), alles kommt hier in einer Engführung leise zusammen, in der Verdichtung von nur sieben Silben. Die bislang getrennten Bestandteile sind in einer neuen Mandorla vereint, Auge ist Mandel, Mandel ist Auge geworden, königsblau. –

Bei allem bisherigen Lese- und Lösungsversuch bleibt aber die Frage übrig:
Welche Qualität sieht der Dichter vor sich, wenn er schreibt: stehen? Er stellt uns seine größte Frage durch die 14-fache Verwendung des Wortes *stehen*; die einzige Frage übrigens, auf die das Gedicht nicht postwendend selbst antwortet.

In den folgenden Kapiteln soll eben dieser Frage nachgegangen werden. Was bedeutet »stehen« im Prozess der hier beschriebenen Wahrnehmung, des hier mit Mandorla überschriebenen Ereignisses? Und was hat die Art meines Blickes zu tun mit der Ankunft des Unsichtbaren? Wie steht es am Anfang des 21. Jahrhunderts mit unserer Wahrnehmung einerseits und mit der Wiederkunft Christi andererseits?

Auf der Suche nach Antwort, bin ich vor allem interessiert am 20. Jahrhundert und seinen Anzeichen dafür, wo solches »stehen« bereits begonnen hat. Da läge es nahe, zu berichten von den Kriegen, vom Holocaust. Was Menschen erlebt haben im Angesicht der Zerstörung, der Vernichtung, des Bösen, wie sie an der Todesschwelle dem Leben begegnet sind, das allein könnte schon Inhalt dieses Buches sein.
Wenn aber nicht Krieg, wenn auch nicht Hellsichtigkeit mich an die Schwelle katapultiert oder stellt, inwiefern habe ich, weil ich in dieser Zeit lebe, doch Anteil an der Apokalypse, d. h. an der Offenbarung, die mir zugemutet ist und die zu mir gehört, die mich

als »Wiederkunft Christi« aufsucht? Wo ist der »neue Blick« bereits Methode, Kulturfaktor oder Lebenskunst geworden? Kann ich ihn heute anwenden?

Celans Sprache ist mir immer wieder Triebfeder dafür, einen solchen anderen Blick in Gang zu setzten. Darum überlasse ich ihm hier die Eröffnung des Buches, die Weichenstellung in das Gebiet des Zwischenraums.
Aber ich will seinen neuen Sprachgestus gerade an dieser Stelle kontrapunktisch zusammenlaufen lassen mit dem mittelalterlichen Ton Meister Eckharts.
Wer Celans Mandorla und Eckharts Traktat Nr. 7 wechselweise liest und sich einhört, wird sich zunehmend ausgerüstet fühlen mit einer sich selbst zuspitzenden, kompassnadelartigen Frage.

> »… Denn der Mensch soll sein, wie unser Herr sprach: ›Ihr sollt sein wie Leute, die allzeit wachen und ihres Herrn harren.‹ (Luk 12, 36)
>
> Traun, solche harrenden Leute sind wachsam und sehen sich um, von wannen er komme, dessen sie harren, und sie erwarten ihn in allem, was da kommt, wie fremd es ihnen auch sei, ob er nicht doch etwa darin sei.
>
> So sollen auch wir bewusst nach unserem Herrn ausschauen.
>
> Dazu gehört notwendig Fleiß, und man muss sich's alles kosten lassen, was man nur mit Sinnen und Kräften zu leisten vermag; dann wird's recht mit den Leuten, und sie ergreifen Gott in allen Dingen gleich, und sie finden von Gott gleich viel in allen Dingen.
>
> Wohl ist ein Werk anders als das andere; wer aber seine Werke aus einem gleichen Gemüt täte, wahrlich dessen Werke wären auch alle gleich, und mit wem es recht stünde, wem Gott so (eigen) geworden wäre, fürwahr, dem leuchtete Gott ebenso unverhüllt im weltlichen wie im allergöttlichsten Werk.

Traun, nun ist das aber nicht so (zu verstehen), dass der Mensch selbst etwas Weltliches oder Unpassendes tun solle; sondern was ihm von äußeren Dingen her im Sehen und Hören zufällt, das soll er zu Gott kehren.

Wem Gott so in allen Dingen gegenwärtig ist und wer seine Vernunft im Höchsten beherrscht und gebraucht, der allein weiß vom wahren Frieden, und der hat ein rechtes Himmelreich …«

Was mir von äußeren Dingen her im *Sehen und Hören* zufällt, das soll ich zu Gott *kehren*. Und so den Kommenden in allem, was da kommt, wie fremd es mir auch sei, erwarten, in allen Dingen nach *ihm* ausschauen.
Die große Überraschung liegt darin, dass ausgerechnet ein Mystiker, ein nach Innen–Schauender, empfiehlt, im Zugehen auf eine Christuserfahrung auch die Sinne einzusetzen. Diese aber soll ich *kehren*. Wohin? Zu Gott. Aber wie?
Und dein Aug' – wohin steht dein Auge?

2

Im Zwischenraum

New York, Anfang der achtziger Jahre:
Der Tänzer Merce Cunningham bewegt sich solistisch auf der Bühne. Man hat gerade begonnen, sich auf seine Bewegungen einzustellen, da betritt plötzlich ein Mann die Bühne! Offensichtlich kein Tänzer, geht er einfach hinüber zum anderen Bühnenende. Bald darauf erscheint dieser Mann wieder: In aller Ruhe, als wäre er allein und ungesehen, macht er seinen Gang, während der Tänzer ebenso unbeeindruckt in seiner Bewegung fortfährt. Einige Zuschauer akzeptieren nun auch diese Störung und beobachten, was sich zwischen den beiden abspielt, bemerken die Dynamik, die durch diese Zweistimmigkeit ins Spiel gekommen ist. Als der Geher nun immer wieder hin und her geht, wird sein Gang bald nicht mehr als trivial erlebt, man unterscheidet nicht mehr zwischen kunstvollem Tanz und alltäglichem Gang, sieht beides vielmehr mit neuen Augen und sitzt selber wacher da, mit anderem Puls, fast, als hätte man sich auch bewegt. –
Das war »Dialog« gewesen, mit Cunningham und John Cage, dem Komponisten, Musiker, Maler, Aktionskünstler und Querdenker. Später in einem Interview sagt er, wie es ihm selber dabei ergangen ist, wie er innerlich ganz damit beschäftigt war, auf die Beziehung zwischen sich und dem Tänzer zu achten, ohne durch diese Konzentration irgendwie etwas an seinem Gehen zu ändern; dessen Einfachheit und dessen eigene Gesetzmäßigkeit ließ er unangetastet. »I'm just aware that I'm moving, where angels fear to tread«.

Mir ist einfach bewusst, dass ich mich bewege, wo Engel nicht aufzutreten wagen. In der deutschen Übersetzung bei Du Mont heißt es: »Mir ist nur einfach bewusst, dass ich mich in einer sehr komplexen Situation befinde.« So kann man's natürlich auch sagen. Aber für Cage lag der Begriff Engel doch nahe, um jenen unscheinbaren, aber subtilen Umgang mit dem Zwischenraum anzudeuten. An einem so gefühlten Zwischenraum entlangzugehen, dessen eines Ufer bildend, das hatte etwas von der Unberührbarkeit, mit der wir die Engelwelt assoziieren.

Soweit John Cage auf der Bühne. Er wohnte zu dieser Zeit in Manhattan an der 6th Avenue. Das heißt, er arbeitete dort auch an seinen Kompositionen. Nun ist es sehr aufschlussreich, was Cage über seinen Alltag dort sagt:

»Was ich zu erreichen suche, und ich glaube, das ist möglich, ist die Freude an jedem einzelnen Augenblick und nicht das Hervorheben eines speziellen Momentes. Besondere Momente ergeben sich natürlich, das gebe ich zu; aber ich versuche, dafür offen zu sein, dass jeder Augenblick ein besonderer ist. Im Theater und auch jetzt, wo wir nicht im Theater sind, möchte ich, dass der ganze Zeitablauf und nicht nur ein einziger Moment etwas Besonderes ist. Ich will erreichen, dass ich mir keine Sache mehr wünsche, als irgend eine andere. Meine Absicht ist es, wunschlos zu sein. Oder vielmehr: Mein Wunsch ist es, allem meine Aufmerksamkeit zu schenken, soweit es mir möglich ist. Deshalb liebe ich auch das Geräusch des Verkehrs hier, denn ich muss sagen, dass es für mich in dieser Wohnung keinen langweiligen Moment gibt. Ich horche die ganze Zeit über auf dieses Geräusch, die 6th Avenue ist phantastisch!«* (1981)

Zu beiden Händen, da
wo die Sterne mir wuchsen, fern
allen Himmeln, nah
allen Himmeln:
Wie
wacht es sich da! Wie
tut sich die Welt uns auf, mitten
durch uns!

New York, Ende der achtziger Jahre, Central Park. Ein Mann ist gerade aus dem Taxi ausgestiegen und verschwindet im Hotel. Ein paar Minuten später sehen wir ihn oben am Fenster seines Zimmers, er ist vom langen Flug total übernächtigt und wollte sich sofort schlafen legen, fühlt sich vor lauter Müdigkeit krank und von der Welt abgetrennt, bleibt aber jetzt am Fenster stehen und schaut herunter auf die Strasse, wo in der Frühherbstsonne Leute auf der Café-Terrasse sitzen. Es überrascht uns, ihn kurze Zeit darauf ebendort zu sehen. Er fühlt zwar ein inneres Wanken vor lauter Übernächtigtsein, aber nimmt, nah am Getöse und den Benzinschwaden, Platz. Dann geschieht – er weiß nicht recht, ob allmählich oder ruckhaft – eine Verwandlung mit ihm, der Zweikampf mit der Müdigkeit ist zu Ende: »Die Müdigkeit war jetzt mein

Freund. Ich war wieder da, in der Welt, und sogar – nicht etwa, weil es Manhattan war – in ihrer Mitte …
Ich tat, weit bis in den Abend hinein, nichts mehr als sitzen und schauen; es war, als bräuchte ich dabei auch nicht einmal Atem zu holen. Keine auffälligen wichtigtuerischen Atemübungen oder Yoga-Haltungen: Du sitzt und atmest im Licht der Müdigkeit jetzt beiläufig richtig …
Das Schauen dieses Müden war eine Tätigkeit, es tat etwas, es griff ein …
Und dann: Das selbstlose Schauen wurde tätig weit über die schönen Passantinnen hinaus, bezog ein in sein Zentrum der Welt alles, was lebte und sich regte …
Und in jenen Stunden war Frieden, auch am Central Park. Das Erstaunlichste ist, dass meine Müdigkeit dort an dem zeitweisen Frieden mitzuwirken schien, in dem ihr Blick jeweils schon die Ansätze zu Gesten der Gewalt, des Streits oder auch nur einer unfreundlichen Handlung beschwichtigte? milderte? – entwaffnete, durch ein ganz anderes Mitleid als das verächtliche manchmal der Schaffensmüdigkeit: das Mitgefühl als Verständnis … Aber was war das Besondere an dem Blick? Was bezeichnet ihn? Ich sah, spürbar für den anderen, mit ihm zugleich seine Sache mit … Jene Müdigkeit machte, dass die tausend unzusammenhängenden Abläufe kreuz und quer vor mir sich ordneten über die Form hinaus zu einer Folge; jeder ging in mich ein als der genau da hinpassende Teil einer – wunderbar feingliedrigen, leichtgefügten – Erzählung; und zwar erzählten die Vorgänge sich selbst, ohne Vermittlung über die Wörter. Dank meiner Müdigkeit wurde die Welt ihre Namen los und groß.« –
Soweit Peter Handke in seinem Buch *Versuch über die Müdigkeit.*

Du bist,
wo dein Aug ist, du bist
oben, bist
unten, ich
finde hinaus.

Paris, Anfang der dreißiger Jahre. Wir beobachten einen achtjährigen Jungen, kurze Zeit nach seiner Erblindung. Zunächst versucht er noch, wie er es vor seinem Unfall gewohnt war, in die alte Richtung zu blicken. Aber dort kommt ihm nur Dunkelheit entgegen und Leere. Doch eines Tages ändert er die Blickrichtung, er lässt ab davon, in die Ferne und auf die Oberfläche der Dinge blicken zu wollen: »Ich begann, mehr aus der Nähe zu schauen: Aber nicht an die Dinge ging ich näher heran, sondern an mich selbst … Unversehens verdichtete sich die Substanz des Universums wieder, nahm aufs neue Gestalt an und *belebte* sich wieder. Ich sah, wie von einer Stelle, die ich nicht kannte und die ebenso außerhalb meiner wie in mir liegen mochte, eine Ausstrahlung ausging, oder genauer: ein Licht – das Licht.«*

Er fühlt über diese Wiederentdeckung des Lichtes eine solche Freude, dass er lachen muss. Nun macht er sich daran, dieses unerwartete Geschenk zu erforschen, er experimentiert, er spielt, er untersucht die Lebensbedingungen dieses Lichtes, das zugleich Freude ist, er stellt es auf die Probe, leistet ihm Widerstand, um sich ganz von seiner Wirklichkeit zu überzeugen. Er merkt bald, dass Angst, Zorn und irgendeine Absicht das Licht sich verdunkeln lassen, während Vertrauen, Zuneigung und Absichtslosigkeit es anschwellen lassen und er sich zurechtfindet in der Welt, als könnte er sehen!

Sehen heißt lieben oder lieben heißt sehen, ist dann die Formel, die sich ihm daraus ergibt und es wird aus dem kleinen Jacques der große Lusseyran. Als Erwachsener hört er nicht auf, immer wieder von seinen Beobachtungen zu erzählen, Worte zu finden für die zarten Vorgänge:

»Die wirklichen Augen, von denen ich sprechen möchte, arbeiten in uns … Sehen ist eine Lebensströmung … Mein neuer Seh-Sinn lag tiefer: im Bereich der Kehle, der Brust und des Herzens … Das Sehen wurde für mich – von Kindheit an – zu einer außerordentlich einfachen Betätigung, einfacher als alle anderen; ich zog aus ihr ein Gefühl der Ruhe, ja des Gleichgewichts, als ob mich mein Gesichtssinn, dieser im Zentrum meines Wesens liegende Sinn, konfliktlos in eine gleiche Distanz zu allen Dingen gerückt hätte, in eine richtige Distanz.«**

O diese wandernde leere
gastliche Mitte. Getrennt,
fall ich dir zu, fällst
du mir zu, einander
entfallen, sehn wir
hindurch:

Anfang der zwanziger Jahre. Wir sind in einem Atelier unweit von Basel. Licht fällt von oben auf eine große, hölzerne Plastik, und ein Mann steigt bedächtig die Leiter hinauf, um mit Schnitzeisen und Holzklöppel ein begonnenes Antlitz weiter zu bearbeiten. Er hat keine geringere Absicht, als »einen Portraitgetreuen Christus zu schaffen, der der Repräsentant zugleich sein soll des suchenden, des nach Gleichgewicht strebenden Mensch.« Wer diese Plastik anschaut, sollte erleben können: »Nicht ein Götterbild ist umschlossen – denn es gilt ja auch für die Christen, dass sie sich von dem Gotte kein Bild machen sollen – nicht ein Götterbild ist umschlossen, aber dasjenige ist umschlossen, was aus dem Gruppenseelenhaften des Menschen sich herausgebildet hat zu der Individual-Kraftwesenheit jedes einzelnen Menschen. Dem Wirken und Weben des Individual-Impulses ist Rechnung getragen in diesen Formen.«
Welch eine paradoxe Vornahme: portraitgetreu, aber kein Bildnis?! Und dann noch das sich daran entzünden-sollende Gefühl, dass man das selber sei, dieses Nicht-Bildnis: »Das bist Du.«
Derselbe Mann, der jetzt da oben auf der Leiter steht, sprach in unzähligen Vorträgen über den Christus: dass er nach dem Beginn des 20. Jahrhunderts auf ätherischer Ebene neu von den Menschen erlebt werden könne. »Der Christus im Ätherischen«, also in einem zwar unsichtbaren, aber konkret-lebendigen Bereich. –
Was tut er da nun, dieser Redner Dr. Rudolf Steiner auf der Leiter (nachdem er doch mündlich und schriftlich einen Schulungsweg beschrieben hat, der zum unmittelbaren Schauen dieser neuen Christusoffenbarung führt)? Er schnitzt! Er bearbeitet Kubikmeter von Holz, er werkt in der harten Materie.
Die Plastik wird nicht nur ihn allein zeigen, den Christus, sondern eine ganze Gruppierung, Christus zwischen Ahriman und Luzifer, d. h. im Spannungsfeld der Widersachermächte, die polar auftreten. Da, in der Mitte, mittendrin, der Ausgleichende, der Heilende, der Bewegende, der Stehende.*

Das
Selbe
hat uns
verloren, das
Selbe
hat uns
vergessen, das
Selbe
hat uns – –

Düsseldorf, in den sechziger Jahren. Ein Mann nimmt einen leeren Karton, hält ihn mit der einen Hand auf und greift mit der anderen Hand nach einem Klumpen Fett. Diesen Klumpen drückt er in eine Ecke des Kartons und bearbeitet ihn dort so lange, bis eine dreieckige, einigermaßen glatte Oberfläche entsteht: Beuys hat soeben eine Fettecke gemacht, eine Grund-Skulptur, eine Ur-Plastik, und er, der auch naturwissenschaftliche Studien betrieben hatte, spricht darüber wie ein Alchemist von Sal, Sulfur und Merkur:

Die Ecke ist ihm der Formpol, der Kältepol, das Kristalline, das Denkerische: Sal.

Das Fett ist ihm der Stoffpol, Wärme, Chaos, Wille: Sulfur.

Die Handlung, das Herstellen der »Fett-Ecke«, die Begegnung von Sal und Sulfur, erlebt er als Merkur-Prozess, als Begegnung zwischen den Polen, als Ausgleich, als Mitte.

Derselbe, der so auf dem Boden kniend mit Stoffen arbeitet, der sich so in deren Kräftewirkungen hineinstellt und sie in einen Dialog bringt, spricht dann auch vom Bewegungselement: dass es das Milieu der »Verkörperung Christi in unserer Zeit« sei.

Beuys, Steiner, Lusseyran, Handke, Cage. Fünf Stationen im 20. Jahrhundert. Düsseldorf, Dornach, Paris, New York. Fünf stille Begebenheiten, eher unscheinbare Handlungen, die zunächst beziehungslos hintereinander aufgereiht dastehen.
Was haben sie dennoch miteinander zu tun, was ist die gemeinsame Geste, wonach und wie wurde da jeweils getastet?
Da fällt vor allem auf, dass alle fünf den sicheren Boden ihres Berufes verlassen, sie gehen quasi fremd, ins Gebiet einer anderen, benachbarten, oder sogar fernliegenden Disziplin:

Ein Musiker geht neben dem Tänzer und achtet auf die unhörbare Plastik des Zwischenraumes, zu Hause lauscht er dem Geräusch des Stadtverkehrs.
Ein Schriftsteller setzt sich an die Straße und meditiert, handelt als Wahrnehmender dort draußen.
Ein Blinder wird zum Seelsorger seiner sehenden Zeitgenossen, indem er ihnen das Geheimnis des Sehens und das Leben des Lichtes anvertraut.
Ein hellsichtiger Redner und Geistesforscher greift zum Werkzeug, um den Angelpunkt seiner übersinnlichen Erkenntnis wortlos zu demonstrieren in Raum und Zeit, in der Materie.
Ein Bildhauer nimmt Fühlung auf zu den Kräften elementarer Substanzen und entzündet daran seine Verkündigung des wesenhaften Geistes.

Ein Musiker, der sich stumm bewegt, ein Schreiber, der öffentlich meditiert, ein Blinder, der sieht, ein Redner, der plastiziert, und ein Bildhauer, der predigt!

Alle riskieren sie es, sich lächerlich zu machen, alle fühlen sie eine Mission und alle sind ihrer Sache, so fragwürdig sie in den Augen ihrer Zeitgenossen sein mag, erstaunlich sicher.
Das Aufsuchen eines ihnen zunächst fremden Metiers ist schon etwas Widerständiges, aber innerhalb ihrer Tätigkeit setzen sie sich zudem alle, ganz gezielt, einem noch tiefer liegenden Widerstand aus:

Cage sucht das Banale und Hässliche auf, er versucht sich im Gespräch mit dem, was doch als »Nichts« gilt. Er widersteht aller menschlichen Gewohnheit, zu bewerten und zu ästhetisieren. Er überwindet die Schranke zwischen Alltag und Kunst.

Handke nutzt den Widerstand der Müdigkeit aus, um von sich und der Schwere gerade wegzukommen und in den Umkreis hinein aufzuwachen, diesen leicht zu machen und lichter durch seinen selbstlosen Blick, durch sein Ruhen in den Dingen.

Lusseyran widersteht dem Drang, hinauszublicken und lernt, das Licht und die Dinge herankommen zu lassen, die Aktivität ernstzunehmen, die darin liegt, alles anzunehmen, Licht letztlich zuzulassen. Er rückt seinen neuen Sinn und somit sich selbst in eine »gleiche Distanz zu allen Dingen«, er widersteht also der einseitigen Anziehungskraft, hält sich einen gleichgewichtigen, schwebenden Raum zwischen den Dingen offen – und »sieht«.

Steiner widersteht dem alten Denkmuster, dass das Heilige, Göttliche jenseits aller Finsternis und unangefochten über aller Auseinandersetzung sei: Stattdessen sucht er es auf, gerade im Gewahrwerden des Bösen. Er begibt sich außerdem in den Widerspruch, der darin besteht, dass er figural bildet und doch kein »Bildnis« erzeugen will, dass er jedem Individuum einen Spiegel vorhalten will: »Das bist du« und dennoch transparent werden lässt den einen Einenden. Nicht zuletzt: Er verzichtet auf ein Schönheitsideal, balanciert zwischen Schönheit und Hässlichkeit, und das bis hinein ins Antlitz des Christus!

Beuys verzichtet auf Unvergänglichkeit und Kostbarkeit des Materials, auf Glanz und Farbe, ja er widersteht dem Lockruf des »Künstlerischen« und beugt sich hinab zum Kreatürlichen. In dieser Geste der Brüderlichkeit zu allem Hinfälligen und Einfachen findet er eine neue Kreativität. Dazu kommt, dass er sich hineinbegibt in polare Kraftverhältnisse (Sal-Sulfur).

Alle fünf betreten auf ganz persönliche Weise das Feld des Paradoxen. Dieses Feld betreten sie schutzlos und ungesichert, als Pioniere. Sie begegnen einer Grenze, an der etwas auf sie wartet, das hereingeholt werden will in unsere Gegenwart. Diesem Neuen dienen sie dadurch, dass sie sich polaren Spannungsfeldern aussetzen und selbstlos in den Wahrnehmungsprozess hineingehen. In ihm haben sie balancieren und stehen gelernt.

So verschieden die fünf sind, so gemeinsam ist ihnen die Erfahrung dieses ganz spezifischen *Stehens* und sie alle wüssten wohl, wovon Celan in seiner «Mandorla« spricht und auf welche Tätigkeit er dort hinweist.

Sie haben erfahren, dass dieser bewegliche Zustand *stehen* eine subjektive Handlung ist, durch die ein neues Element objektiv hervorgebracht wird, in Erscheinung tritt.

Sie schaffen Mitte, erzeugen Mitte.

Mit diesem Wort ist nun alles und nichts gesagt. Aber wie könnte jenes Lebendige besser bezeichnet werden? Celan spricht in seinem Gedicht »Zu beiden Händen«* von der »wandernden, leeren, gastlichen Mitte«.

Damit verlebendigt er den Begriff Mitte wieder und macht deutlich, es ist etwas Wanderndes, Bewegliches, das sowohl da als auch dort anzutreffen ist, oder zwischen dem Da und dem Dort: nah allen Himmeln, fern allen Himmeln.

3

Der Gegenbildprozess

Herb-süßlicher Geruch, gedämpftes Licht zwischen jutebespannten Wänden, Stille. Überall, mehr oder weniger dicht gedrängt, Gegenstände: Abgestelltes, Hingelegtes, Aufgehängtes. Sorgsam angeordnetes, zueinander gruppiertes Material. Grau, beige, braun, herbstlich-rot, milchig-weiß, eitrig-gelb und wieder grau. Steingrau, aschgrau, bleigrau. Filz, Holz, Wachs, Pappe, Eisen, Fett, Gummi, Plastik, Glas, Kupfer. Stäbe, Stangen, Kreuze, Blöcke, Stapel, Haufen, Dinge des Alltags, Geräte aus der Werkstatt, Substanzen aus Küche und Labor. Verrostet, vergilbt, abgestanden, verschimmelt, vertrocknet, verdorrt, vergraut. Mehliges, Teigiges, Kantiges, Massiges, Filziges, Filigranes, Monumentales. Und ich, müde vom Versuch, all dies wahrzunehmen, zu begreifen, ernstzunehmen, befinde mich inmitten dieser Grauzone. Nach eineinhalb Stunden aber, unfähig, weiter aufzunehmen, bin ich depremiert über meinen wachsenden Stumpfsinn und meine Fühllosigkeit. Der Kopf schmerzt und ich setze mich hin, nicht auf einen Stuhl, sondern einfach auf den Boden, nahe der Wand. –

Warum bin ich überhaupt hierher gekommen? Was habe ich mir von den sieben Räumen im Hessischen Landesmuseum erhofft? Was suche ich hier im Darmstädter Beuys-Block?

Es begann 1979. Beuys wurde im Fernsehen interviewt. Da sah ich ihn zum ersten Mal, abgesehen von der gleichzeitig erschienenen Titelseite des Spiegel, die ihn zeigte samt Hut – und darüber geschrieben die Frage: »Joseph Beuys: Genie oder Scharlatan?« Nun saß er also dem deutschen Fernsehpublikum gegenüber, spät abends, und beantwortete Fragen. Ich konnte es kaum fassen, mit welcher Sicherheit er die Sache anpackte, wie er aber immer etwas völlig anderes, Unerwartetes antwortete und das Fragenmaterial kraftvoll und frei behandelte. Der Scharlatanerie-Vorwurf schwebte über ihm wie ein Damoklesschwert. Er, der Verdächtigte aber, lachte souverän und beschrieb völlig unbeeindruckt eine neue Welt von Erfahrungen und Begriffen.

Ich spürte, dass mit mir etwas passierte, ich war schlagartig wach geworden, hin- und hergerissen zwischen Skepsis und Begeisterung. In dieser Nacht war an Schlaf kaum zu denken: Brennende Fragen gingen mit mir um: Was ist das mit diesem Kerl? Er macht dir Angst, weil er dir den Boden deiner gewohnten Gedanken entzieht, er fasziniert dich, weil er Entdecker zu sein scheint von irgendetwas, das dich existenziell tangiert, er irritiert dich, weil er selbst überhaupt nicht einzuordnen ist: ein Narr? ein Prophet? ein Künstler? ein Prediger? ein Versucher? So rätselte ich noch tagelang, sah sein Gesicht vor mir, mit den männlichen Zügen, mit den weiblichen, und fragte mich, einundzwanzigjährig, ob ich nicht Schüler werden sollte von diesem radikalen Beweger. Es fehlte mir dann aber der Mut, dieser Frage weiter nachzugehen.

Jahre später lebte ich in Kassel, der Dokumenta-Stadt, und sah einige seiner Werke, so den *Blitzschlag mit Lichtschein auf Hirsch*. – Dann hörte ich von seinem Tod. Wieder vergingen Jahre, bis ich ein Buch in die Hände bekam: *Beuys über Christus* – eine Gesprächsaufzeichnung (mit Friedhelm Mennekes). Hier einige Passagen daraus:

> »Der Christus kann ›mit einem inneren Auge‹ wahrgenommen werden. Und in diesem inneren Auge zeigt sich, was aus der Auferstehung Christi geworden ist. Der ist ja nicht irgendwo verdampft oder hat sich irgendwie verflüchtigt. Die Frage ist doch: wo ist der jetzt? Wer mit dem inneren Auge zu sehen sucht, der sieht, dass er längst wieder da ist. Nicht mehr in einer physischen Form, aber in der bewegten Form

> einer für das äußere Auge unsichtbaren Substanz. Das heißt, er durchweht jeden einzelnen Raum und jedes einzelne Zeitelement substanziell. Also ist er ganz nah da. Und die Schwelle zum Einbruch in den Menschen ist so gewaltig wie nie in der Geschichte. Nur: es fehlt noch die offene Zuwendung, das zu erleben und sich dann als Mensch von Grund auf zu verändern.
>
> Die Form, wie diese Verkörperung Christi sich in unserer Zeit vollzieht, ist das Bewegungselement schlechthin. Der sich Bewegende … Ich gehe zurück auf den Satz: ›Im Anfang war das Wort.‹ Das Wort ist eine Gestalt. Das ist das Evolutionsprinzip schlechthin. Dieses Evolutionsprinzip kann nun aus dem Menschen quellen, es kann aus dem Menschen hervorgehen, denn die alte Evolution ist bis heute abgeschlossen. Das ist der Grund der Krise. Alles was an Neuem auf der Erde sich vollzieht, muss sich durch den Menschen vollziehen.«

War es *das* gewesen, was mich damals vor dem Fernseher so getroffen hatte? Seine konkrete Vertrautheit mit *diesen* Dingen? Nun war es endlich Zeit, seine Biografie kennen zu lernen. Und wie immer, wenn man Einblick bekommt ins Leben, in die persönliche Entwicklung eines Menschen, wächst Vertrauen. Ich las das Buch wie einen Roman. Dann fühlte ich mich der Konfrontation mit seinem Werk gewachsen, ja ich sehnte mich danach, diesem Werk mit allen Sinnen zu begegnen. Dafür schien mir der Darmstädter Werk-Komplex, auch Beuys-Block genannt, geeignet, hatte ich doch gelesen, dass Beuys selbst dort gegen Ende seines Lebens hunderte von kleinsten und größten Arbeiten wieder zusammengeführt hat. In sieben Räumen des alten Museums hat er immer wieder tagelang gelebt, hat alles geordnet, umgeordnet, eingerichtet, wie, um sich selbst eine Leiblichkeit zu schaffen, eine Wohnung: Requisiten längst vergangener Aktionen ebenso wie Plastiken und Objekte aus allen Schaffensperioden. Alles war schon irgendwo und irgendwann einmal zu sehen gewesen. Hier aber führte er die fernsten Teile seines Lebenswerkes nah zusammen, schuf seine Landschaft, in die man hineingehen kann und somit ein ganz neues, einheitliches Werk.

Also meine Fahrt hierher war schon eine Art Pilgerfahrt gewesen – und da sitze ich nun am Boden, enttäuscht, ernüchtert und müde. Meine Kapitulation bewirkt, dass ich von allem Erkennen-Wollen und Erleben-Wollen und Begegnen-Wollen endlich ablasse. Ich lasse los, bin selbst eine graue Gestalt inmitten der grauen Gebilde um mich herum und blicke so vor mich hin, wie einer es tut, wenn er auf einer Bank im Bahnhof sitzt und auf seinen Zug wartet. Da ist nur noch dieses schicksalsergebene Warten. Ja, ich erwarte nicht einmal mehr etwas.

Stattdessen fängt nun etwas an, zunächst unbemerkt, völlig unspektakulär und nüchtern: Mein fast gelangweilter Blick gerät in ein anderes Verhältnis zu den Dingen um mich herum, er hat sich in sie hineingeschlafen oder hineingeruht. Die Dinge bleiben wie und wo sie waren, und dennoch scheinen sie jetzt an meinen Blickstrom irgendwie angeschlossen zu sein; wie ein Fluss alle Schiffe gleichmütig trägt und sie sich von ihm tragen lassen, so sind wir jetzt zusammengekommen, wie in einem gleichmäßigen, selbstvergessenen Arbeitsvorgang, wo die Hand und das Werkzeug zusammenschmelzen. Auch wird es, wie bei einer Arbeit, warm. Diese Wärme ist es dann auch, die mich wieder zu mir kommen lässt und durch die ich aufmerksam werde darauf, dass jetzt etwas beginnt!
Meine einzige Tätigkeit besteht ab sofort darin, das Unerwartete geschehen zu lassen, es im Auge zu behalten, locker zu bleiben, denn ich ahne, dass jede Art von Anspannung das Ende bedeuten würde dessen, was da so still beginnt.

Diese aufkommende Wärme, wo sie eigentlich ist, kann ich nicht sagen, sie ist ebenso um mich verteilt, wie in mir, sie ist ein Raum von Ruhe, eine Fülle von Beziehungsfäden in die ganze Peripherie, eine hin- und heratmende Fühlungnahme, ein Berühren und Berührtwerden, innig und friedlich.

Nachdem ich einige Zeit in diesem Zustand verbleibe, beginnt ein weiteres Stadium dieser Ruhe. Sie unterhält sich mit mir. Wortlos kommt ein Gedanke zu mir, ich spüre nur, dass er aus dieser neugewordenen Umgebung herankommt und in mir strandet. Wollte ich jetzt den Inhalt wiedergeben, dann drohte die ganze Botschaft umzukippen ins Banale, ins Romantische. Stattdessen sei nochmals ins Gedächtnis gerufen: Ich sehe (nach wie vor) Stapel von Filzmatten, abgedeckt mit Kupferplatten, sehe meterlange, graue Latten und Stangen parallel an die Wand gelehnt, einen Werkzeugschrank mit tausend Geräten und Artikeln, braun, herbstlich-rot, milchig-weiß, eitrig-gelb, steingrau, aschgrau, bleigrau ... und höre, was mich da wortlos, nicht in Sätze auseinandergefaltet, sondern als eine einzige Berührung plötzlich anspricht. Als eine aus der Ruhe geborene Schwungkraft.

Und da brauche ich nun auch nicht weiter sitzen zu bleiben. Ich stehe auf, ohne die gewobenen Wahrnehmungsfäden zu zerreißen, bleibe in Kontakt mit jenem warmgewordenen Umraum und fange nun in ebendiesem an, zu gehen, ich setze erste Schritte und finde, dass der neue Grund trägt, d. h., ich kann nun in den sieben Räumen umhergehen, ohne herauszufallen aus jenem neuen Raum. Der geht mit, oder besser, ist schon überall, als wäre er immer schon da gewesen und gehöre zum Beuys-Block, als wäre er die eigentliche, real-lebendige Ebene dieser großen Installation. Und gehend verstehe ich endlich, was Beuys hier angerichtet hat. Nicht die Gegenstände an sich sind das Kunstwerk, nicht die Substanzen und Konstellationen, sondern das, worauf ich nun erst stoße, der neue Raum, der mich in sich aufgenommen hat, diese ermutigende, rege, belebende Atmung, an der ich nun teilnehme. Die Dinge hier alle sind herbstlich, sie haben auch mich sehr herbstlich beeindruckt. Meine Resonanz, mein Echo aber, ist nun Frühling.

Joseph Beuys, der Narr, der Prophet, der Künstler, der Prediger, der Versucher – er muss jetzt gelächelt haben in diesem Augenblick, wo ich endlich einsteige in den Strom, in die Bewegung, die er bei allem immer schon im Auge gehabt und an der er zielstrebig gearbeitet haben muss. Jedenfalls lächele ich jetzt.
Wenn ich nun sage, dass mein Blick von einem Bann befreit war und ich ohne Kopfschmerzen und Müdigkeit lange noch dort wandelte, könnte der Verdacht aufkommen, dieser Wandler hätte die Sinneswelt, dieses graue Ensemble von allzu irdischen Dingen hinter sich gelassen und befände sich in einer nur darüber liegenden, subjektiven, ästhetischen Welt. Das Gegenteil ist der Fall. Ich brauchte die Dinge als notwendige Widerstände, an denen jene neue Welt erst sich entzündet, und ich liebe sie jetzt nicht weniger, als was durch sie provoziert wurde.
Am Abend sitze ich im Zug und fahre wieder nach Hause. Da stoße ich beim Lesen auf folgendes Gespräch:

»SK: Herr Beuys, warum arbeiten Sie in Ihren Objekten vorwiegend mit abseitigen, grauen Materialien?
Beuys: Ja, der Beuys arbeitet mit Filz, warum arbeitet er nicht mit Farben? Aber die Leute denken nie so weit, dass sie sagen: Ja, wenn er mit Filz arbeitet, könnte er nicht vielleicht dadurch in uns eine farbige Welt produzieren! Es gibt ja bekanntlich das Phänomen der Komplementarität, wenn ich z. B. ein rotes Licht sehe und mache die Augen zu, habe ich das Nachbild, und das ist grün. Oder umgekehrt. Ich schaue in ein grünes und habe als Nachbild das Rot. Die Leute sind sehr kurzsichtig mit dieser Argumentation, wenn sie sagen: Der Beuys macht alles so mit Filz und dann will er etwas aussagen vom KZ. Ob ich nicht daran interessiert bin, durch diese Filzelemente die ganze farbige Welt als Gegenbild im Menschen zu erzeugen, danach fragt keiner. Also: Eine lichte Welt, eine klare, lichte, unter Umständen eine übersinnlich geistige Welt damit sozusagen zu provozieren, durch eine Sache, die ganz anders aussieht, eben durch ein Gegenbild. Denn Nachbilder oder Gegenbilder kann man nur erzeugen, indem man nicht das tut, was schon vorhanden ist, sondern indem man etwas

tut, was als Gegenbild da ist – immer in einem Gegenbildprozess. Also ist es nicht richtig, wenn man sagt, ich sei interessiert am Grau. Das ist nicht richtig. Ich bin an einem Prozess interessiert, der viel weiter reicht.«*

Zehn Jahre schon war das Buch in meinem Regal und oft hatte ich in der ersten Hälfte gelesen aber nie in der zweiten – und da kommentiert nun Beuys mit wissenschaftlichen Begriffen, was ich eben an seinen Dingen erfahren hatte, spricht vom Nach- oder Gegenbild und schließlich vom Gegenbildprozess!

Erst später bemerkte ich eine Lücke in diesem Vergleich, den er da anstellte:
Ausgerechnet Grau ist die einzige »Farbe«, die kein Nachbild erzeugt, die keine Gegenfarbe provoziert (vorausgesetzt, es ist ein mittleres Grau). Denn Grau ist schon ausgewogen, es muss nicht ergänzt werden, es erregt *physiologisch* nicht automatisch ein Nachbild. Aber seelisch umso mehr, wenn auch nicht automatisch! Auf der seelischen Ebene muss erst eine ganz spezifische Haltung eingenommen werden. Diese Haltung entspricht derjenigen, die auch angenommen werden muss, um ein rein physiologisches Nachbild *bewusst* erleben zu können. In jedem Falle, beim physiologischen und beim seelischen Nachbild-Sehen bedarf es einer Konzentration, die nicht fixiert, die stillhält, aber nicht festhält. Wer ungeduldig das Nachbild genau anschaut, verliert es im selben Moment. Wer dagegen einen peripherischen Blick zwischen Bild und Nachbild aufrecht erhält, der kann das zarte, schwebende Nachbild bis zu dessen eigenem Verglimmen betrachten.

Ein Jahr nach dem Erlebnis im Beuys-Block wurde ich durch Baruch Urieli** hingewiesen auf einen Vortrag von Rudolf Steiner.*** Steiner spricht da in erstaunlicher Weise über die objektive Realität des Nachbildes. Er beschreibt die prinzipielle Fähigkeit all unserer Sinne, Nachbilder zu erzeugen und von unserer Fähigkeit, diese auch wahrzunehmen. Und vergleicht die alte indische Yoga-Kultur, in der es um Luftatmung gegangen sei, mit einer heute fälligen Sinnes-Wahrnehmungskultur, in der es um Lichtatmung gehe. Sehen des Bildes wäre dann vergleichbar mit Einatmung, und Erleben des Nachbildes vergleichbar mit Ausatmung. Steiner fordert diese Ausatmung als neu zu erringenden Bestandteil unserer Kultur, denn durch das Wahrnehmen des Nachbildes, durch das bewusste Nachklingen-lassen des ätherischen Echos unserer Wahrnehmung, prägten wir dem Weltenäther etwas Neues ein. Dadurch kämen wir in ein Christus-Verhältnis zur äußeren Natur. »Da wird das Christus-Verhältnis zur äußeren Natur etwas sein wie eine Art geistigen Atmungsprozesses.«

Dass dies so sein kann, führt Steiner zurück auf die Verbundenheit des Christus mit der Erde und ihrem Licht seit dem Ereignis von Golgatha. Licht wiederum nennt er das Grund-Medium aller Sinne. Den Gegenbildprozess nennt er nun Lichtseelenprozess, an anderer Stelle den neuen Yoga-Willen und sieht darin einen Beitrag zur Michael-Kultur. »Wir müssen fühlen lernen, wie durch unsere Augen Wille wirkt, und wie in der Tat die Aktivität der Sinne leise sich hineinmischt in die Passivität.«

Dass unsere Wahrnehmung auch eine Handlung ist, ein schöpferischer Akt sogar, das ist einfach ein revolutionärer Gedanke. Bevor ich dem in den nächsten Kapiteln weiter nachgehe, möchte ich hier nochmals zu Beuys und seinem Gespräch mit Mennekes zurückkehren. Beuys sprach dort von dem Bewegungselement im Zusammenhang mit Kunst und Christus-Wahrnehmung. Die folgende Stelle begriff ich erst nach der bewussten Erfahrung des Gegenbildprozesses:

»J.B.: Die Bewegung kommt zustande durch eine Provokation, durch eine Einweihung, durch eine Initiation zum Zwecke der Bewegung. Man ruft etwas hervor, das Bewegungsprinzip selbst. Und hier zeigen sich andere Pole, zeigt sich der Pol des Willens, der Energie – dass man weiß, woher die Bewegung ihre Nahrung hat – und es zeigt sich sofort der Formpol, d. h. dass es sich darum handelt, für alle Menschen etwas zu gestalten. Und das ist eine andere Gestalt als die alte. Es ist also das Auferstehungsprinzip: die alte Gestalt, die stirbt oder erstarrt ist, in eine lebendige, durchpulste, lebensfördernde, seelenfordernde, geistfördernde Gestalt umzugestalten. Das ist der erweiterte Kunstbegriff.«

Beuys: Genie oder Scharlatan? Weder noch. Aber einer, der es wieder möglich macht, über Auferstehung zu sprechen.

Die Stationen im 2. Kapitel beschreiben fünf Arten, Zwischenraum wahrzunehmen und wahr – zu – machen. Der Gegenbildprozess, das Leben zwischen Bild und Nachbild, ist eine weitere Variante der Zwischenraumarbeit.

4

Die Niemandsbucht

Peter Handke

Die ›Niemandsbucht‹ ist eine Wohngegend in den bewaldeten Hügeln westlich von Paris. Jedenfalls im Sprachgebrauch von Peter Handke ist dieser Pariser Vorort eine Niemandsbucht. Er entdeckt, dass dort, im Abseits, abgerückt vom glanzvollen Zentrum Paris, eine für ihn stark dialogfähige Umgebung existiert. Und er beschließt, auf Reisen und andere Ablenkungen zu verzichten, um für ein Jahr hier in seinem Haus zu bleiben und nicht weiter fortzugehen, als dies tägliche Gänge und Wege mit sich bringen. Mein Jahr in der Niemandsbucht, so betitelt er dann seine Chronik, ein Buch, das alle Beobachtungen und Entdeckungen dieser Zwischenzeit in wunderbar geduldiger Ausführlichkeit erzählt.

Im Folgenden werde ich aus dem 1067 Seiten starken Werk Passagen herauslösen und kommentarlos aneinander reihen.
(Die Ziffern sind Seitenzahlen des bei Suhrkamp erschienenen Buches.)

> Eine Offenheit winkt, und nicht erst neuerdings, aus dem Bleiben in der Gegend hier. (23)

> Die Erde ist längst entdeckt. Aber immer noch werde ich dessen inne, was ich für mich Die Neue Welt nenne. Es ist das herrlichste Erlebnis, das ich mir vorstellen kann. Gewöhnlich ereignet es sich nur für den Funken eines Augenblickes und flimmert dann vielleicht eine Zeitlang nach. Ich habe dabei keine Gesichter und keine Erscheinung. (In mir ist ein Misstrauen gegen all die ohne Not Erleuchteten.) Es ist das Alltägliche, das ich als die neue Welt

sehe. Es bleibt, was es war, strahlt nur von Ruhe, eine Schneise oder Startrampe zwischen der alten Welt, wo es frisch anfängt …
Oft zeigt die neue Welt sich in einem Umspringbild, wodurch ich nicht diesen Mast als ein Ding erfasse, vielmehr den Zwischenraum, geformt von ihm und dem Nachbarmast. Und es weht mich die neue Welt weniger aus der Natur an als von einem Platz mit Menschenspuren. Niemandsland, ja:…
Das Besondere an solcher Neuer Welt ist, dass sie sich ganz da, untrüglich vorhanden, zeigt, und zugleich noch von niemand betreten. Sie kann und wird aber betreten werden! Die Neue Welt ist bloß noch nicht durchgedrungen, bekanntgemacht, zum Allgemeingut geworden. Und einer allein mit ihr zählt nicht. Und jedenfalls ist der Zugang zu ihr zu schaffen, und er tut not. Die neue Welt ist erschließbar. Warum sonst sah ich diejenigen, die sie ans Licht brächten, weder als Träumer noch als Phantasten, sondern als Handarbeiter und Ingenieure? Wo blieben die?

Manchmal bin ich nah dran, zu sagen, dass diese Pionierswelt, wie sie sich mir, mit dem Älterwerden zunehmend, auftut, erspäht im Vorübergehen und öfter noch bei einem Blick zurück über die Schulter, bereit zu meinem und unserem Durchbruch zu ihr hin, keine neue, vielmehr die ewige ist.
Wenn Ewigkeit, dann wäre diese aber nicht etwas Immergleiches. Sie hätte sich durch die Historie verändert, wäre unscheinbarer geworden, bildete keinen Zusammenhang mehr, spielte sich eher seitwärts ab, deutlicher in der

Entlegenheit – freilich nicht gar zu sehr – als in den Zentren. Es ist mir, als habe auch die neue oder ewige Welt ihre Geschichte. (35-38)

Konnte das Zuschauen nicht auch ein Handeln sein? Das eingriff in ein Geschehen, und dieses sogar verwandelte? War ein bestimmter Zuschauer nicht auch ein möglicher Held? Hatte ich nicht erfahren, ob durch meinen Blick auf einen andern, oder den Blick des andern umgekehrt auf mich, wie das Zuschauen einer Gewalttat zuvorkam, einem Brüllen die Luft abließ, einen Spielzug befeuerte, Unernst zu Ernst machte, einen Wahn wegblies, einer Bedrücktheit den Gegenstand nahm? Bild geworden sah ich solch einen Blick einmal an den Gesichtern des Malers Giotto: verschmälerte, sehr langgezogene Augen, so als streiften sie die Vorgänge bloß und nähmen zugleich innig daran teil. Solch ein Zuschauen, es gliederte, rhythmisierte, lichtete.
Und hatte es sich nicht schon ereignet, dass durch ein Zuschauen überhaupt erst etwas geschaffen wurde, ein Gegenstand, ein Gegenüber, ein Zusammenhang, ja eine Gesetzlichkeit? (44-45)

Doch nicht eine jede Weltlandschaft ist einem solchen Zuschauen, das auf ein Ingangsetzen aus war, günstig, bei weitem nicht jede. Meine hier, die ich nun seit zwanzig Jahren kenne, zwischen den Seine-Höhen, getrennt von Paris durch einen waldigen Hügelzug, behaupte ich, ist es. Was von ihr ausgeht, sooft ich mich nach ihren Dingen zurückwende, sehe ich immer neu als das ›Leuchten der Umkehrfarben.‹ (49)

Unversehens weckt mich die Aufregung, und zugleich komme ich zur Ruhe: Ruhe, das große Auge. (75)

Anschauen, aufnehmen, aufgehen: mein tägliches Brot. (83)

Meine Hauptbeschäftigung, jahrelang, war damals das Müßiggehen, das jedoch nicht Nichtstun hieß. Ich feierte es – ... (321)

Mit nichts mehr beschäftigt als mit dem Müßiggehen, meinte ich mich auf Schritt und Tritt in einem Advent, den ich witterte und schnupperte wie als Kind die Schneeluft. (324)

Und es war Tatsache, dass meine Art zuzuschauen etwas von der eines Dorfdeppen hatte. Was ich auch sah, gefiel mir. Und auf die gleiche Weise ließ ich sein und gelten, wen oder was ich nur konnte. Ich fühlte mich dabei nicht beschränkt, vielmehr begriffsstutzig. Erst als Begriffsstutziger, so hatte ich ja immer wieder erfahren, erwachte in mir der, der ich war. (409-410)

›Wenn du von einem Gegenstand ein Nachbild erwartest‹, sagte er mir einmal, ›darfst du ihn keinesfalls fixieren, du musst, dabei aufmerksam, durch ihn durchschauen, erst damit wird sein Nachbild verlässlich und beständig, und seine Gestalt wird an solchem Nachleuchten oft eher zu Entdeckungen führen als an dem Ding selber!‹ (Seine andere Vorgangsweise war es, sich von seiner Sache überhaupt zwischendurch abzuwenden, ausdrücklich sich in ein Drittes zu vertiefen, um, wenn er sich dann zu ihr zurückwendete, wie er sagte, sie dabei zu erwischen, wie sie war!) (657-658)

Im Ausruhen, mit dem Ruhen arbeiten, aus ihm heraus; Arbeiten als das große Ausruhen! (693)

... werktätiger Zuschauer ... (693)

... mein im Lauf der Jahrzehnte erfahrenes ›Greif ein mit deinem Zuschauen!‹ (694)

... es blühte nur so von Zwischenräumen ... (1012)

Der Tag blieb dunkel und klar, und sooft ich die Augen schloss, flammte es, wie nur im Winter, von Nachbildern.
Es herrschte, von den Wäldern im Umkreis, ein gewaltiges Dröhnen, dem ich mich überließ. Wie es das Wort ›Kriegswirren‹ gab, so kam nun für das bewegte Grau-in-Grau rundum das ›Friedenswirren‹. Alle Farben wirkten, von Grund auf, darin mit ... (1031)

Die Welt ist voll dunkler Farben der Gemeinschaft zwischen Unbekannten. Vielleicht kann gerade der Außenstehende euch am ehesten zusammensehen. Damals in meiner Gerichtszeit: Die Gerechtigkeit kam, statt vom Vorsitzenden, eher vom Beisitzer. Als Leser. Ein Buch lesen, welches die Welt neu weht. (1032)

Wie lehrreich, wie voll der Anschauung konnte solch ein Warten sein; ›Gernwarter‹, das wäre da einmal ein anderer Name für mich gewesen. (1049)

Was ich hiermit vor allem herausstellen wollte, ist Handkes Methode, sind Kernsätze seiner Erfahrungswelt. Worauf ich hier verzichten musste, sind die Exkursionen, die vielen Gelegenheiten, zu denen er einlädt, mit ihm in den Wald, an den Teich, in den Garten, zu den Menschen und wieder ins Haus zu gehen und sich anstecken zu lassen von seiner Art des Zuschauens dort jeweils, sich mitnehmen zu lassen auf diesen Weltreisen. Um so mitgenommen zu werden muss man das Buch, das Handke auch »Ein Märchen aus den neuen Zeiten« nennt, ganz lesen. Es regt, wie wohl alle seine Bücher, nicht nur an, auf die eigene Wahrnehmung zu achten, sondern es erinnert einen an Situationen, die man selbst ähnlich schon so gesehen und erlebt hat. Und: Man bekommt »Sprachaugen«, auch ein Handke-Wort, man fängt an, aus der Alltagssprachlosigkeit herauszukommen und wieder poetisch zu werden: Zur Entdeckung und Hervorbringung der Neuen Welt.

5

Der Christusbegriff

Antlitz-Metamorphose

Bisher berichtete ich von Wahrnehmung im Grenzgebiet des Zwischenraums, von Gegenbildprozessen und von einem neuen Milieu: der Mitte, die aktiv erschaut werden kann. Wie steht es nun aber mit unserer Christus-Vorstellung, was für einen Begriff haben wir von ihm, der ja ein ausgesprochenes Mittewesen ist und ein Bewohner und Beweger in der Neuen Welt?
In diesem natürlich religiös tingierten Vorstellungsbereich sind wir alle höchst individuell. Kann darüber überhaupt allgemein gesprochen werden, gibt es überhaupt »Gesichtspunkte« für eine Christus-Vorstellung?

Deutlich wird das Problem, wenn eine Gemeinde konfrontiert wird mit einem neuen Altarbild. Empfindungen, Assoziationen, Meinungen, freilich immer begründbare Urteile über ein und dasselbe Bild driften oftmals vollständig auseinander. Was der eine verehrt, ist dem anderen ständig Ärgernis. Es gibt auch Menschen, die wegen eines Bildes dort nicht mehr an den Altar gehen wollen. Ist das ein spezifisches Problem der Christengemeinschaft? Wie geht es den katholischen und evangelischen Kirchgängern? Dort, wo nur ein Holz-Kreuz zu sehen ist, wird das Auseinandergehen der Empfindungen geringer sein als da, wo der gegenwärtige Gottes- und Menschensohn anschaubar gemacht ist, der, mit dem ich es jetzt zu tun haben will. (Was nicht heißt, dass der Gekreuzigte nur Vergangenheit ist, auch dieser hat Gegenwart.)
Selbstverständlich ist jeder in seiner Art der religiösen Blick-Erwartung im Recht und wahrheitssuchend. Was nun? Die leere Leinwand oder gar die Altarwand ohne Bild scheinen ein verlo-

ckendes Angebot der Freiheit zu sein. Brauchen wir überhaupt noch Bilder? Oder sind diese heute im Zeitalter der Wiederkunft Christi im Ätherischen nicht nur unsachgemäß, sondern sogar hinderlich gegenüber dem unmittelbaren Erleben und Schauen des Christus in seiner übersinnlichen Gegenwart? Befriedigt nicht ein Christusbild zu schnell unsere Sehnsucht, unsere Suche, unsere schöpferische Potenz, real zu imaginieren?! Oder kommt der Kunst auch in unserer Zeit eine Aufgabe zu gerade im aktiven Hinblicken, im Imaginieren des Christus? Kann diese Aufgabe genauer gefasst werden, gibt es einen Schlüssel zu einer solchen Gestaltung? Was hätte ein dann so gemaltes Bild mit meiner persönlichen Christus-Vorstellung zu tun? Oder ist das alles von vorne herein ein unmögliches Unterfangen?

Es ist an dieser Stelle ganz tröstlich und ermutigend, einmal kurz mit Goethe nach Italien zu gehen:
Am 17. April des Jahres 1787 schlendert er durch einen öffentlichen Garten in Palermo, weit weg von allen Pflichten in Weimar, mit dem ruhigen Vorsatz, seine dichterischen Träume fortzusetzen. Da

> »erhaschte mich ein anderes Gespenst, das mir schon diese Tage nachgeschlichen … Im Angesicht so vielerlei neuen und erneuten Gebildes [die vielen Pflanzen unter freiem Himmel] fiel mir die alte Grille wieder ein: ob ich nicht unter dieser Schar die Urpflanze entdecken könnte? Eine solche muss es denn doch geben! Woran würde ich sonst erkennen, dass dieses oder jenes Gebilde eine Pflanze sei, wenn sie nicht alle nach einem Muster gebildet wären?
> Ich bemühte mich zu untersuchen, worin denn die vielen abweichenden Gestalten voneinander verschieden seien. Und ich fand sie immer mehr ähnlicher als verschieden, und wollte ich meine botanische Terminologie anbringen, so ging das wohl, aber es fruchtete

> nicht, es machte mich unruhig, ohne dass es mir weiter half. Gestört war mein guter poetischer Vorsatz, der Garten des Alkinous war verschwunden, ein Weltgarten hatte sich aufgetan. Warum sind wir Neueren doch so zerstreut, warum gereizt zu Forderungen, die wir nicht erreichen noch erfüllen können!«

Eine unerreichbare Forderung, eine unerfüllbare Aufgabenstellung einerseits, das »Gespenst«, die »Grille«,- der Anreiz zu solchem Forschen andererseits. Hier nun nicht die Suche nach dem ätherischen Christus, aber die Suche nach der Urpflanze, die ebenfalls im Bereich des Ätherischen angesiedelt ist.
Einem Altarbildmaler müssen diese Äußerungen Goethes sehr nahe gehen. Ein Verbündeter! Ein ebenso Verwegener! Ein Pionier. Welche Befriedigung muss Goethe erlebt haben, als er dann genau einen Monat später, am 17. Mai aus Neapel schreibt:

> »Ferner muss ich dir vertrauen, dass ich dem Geheimnis der Pflanzenzeugung und Organisation ganz nahe bin, und dass es das Einfachste ist, was nur gedacht werden kann. Unter diesem Himmel kann man die schönsten Beobachtungen machen. Den Hauptpunkt, wo der Keim steckt, habe ich ganz klar und zweifellos gefunden, alles übrige seh' ich auch schon im Ganzen, und nur noch einige Punkte müssen bestimmt werden. Die Urpflanze wird das wunderlichste Geschöpf von der Welt, um welches mich die Natur selbst beneiden soll. Mit diesem Modell und dem Schlüssel dazu kann man alsdann noch Pflanzen ins Unendliche erfinden, die konsequent sein müssen, das heißt: die, wenn sie auch nicht existieren, doch existieren könnten und nicht etwa malerische oder dichterische Schatten und Scheine sind,

> sondern eine innerliche Wahrheit und Notwendigkeit haben. Dasselbe Gesetz wird sich auf alles übrige Lebendige anwenden lassen.«

Begeistert schreibt Goethe da von einem Modell und dem Schlüssel dazu, und: »Dasselbe Gesetz wird sich auf alles übrige Lebendige anwenden lassen!« Ich kehre wieder zurück zur Frage nach dem Christusbild und werde nun versuchen, Goethes Methode der vergleichenden Betrachtung anzuwenden, um nun nicht der Urpflanze, aber dem Ur-Ich, wie es in einem Antlitz sich offenbaren kann, nachzuspüren.
Ich habe hierfür 11 Antlitz-Darstellungen aus der Kunstgeschichte ausgewählt und sie in eine chronologische Reihe gestellt, deren Metamorphose nun betrachtet werden soll. Diese Reihe ist in mehrfacher Hinsicht unvollkommen. Es gibt verschieden große Lücken zwischen den jeweiligen Kunstepochen, überhaupt fehlen einige ganz. Außerdem ist da ein Wechsel von Malerei und Bildhauerei und ein Wechsel unterschiedlichster Kulturkreise und Bedeutungsinhalte. Ich glaube dennoch, dass die Reihe in ihrer Knappheit etwas auszusprechen vermag, was Gültigkeit hat für die Fragestellung. Sie kann ergänzt werden und wird wohl ihre Grundaussage dadurch nur noch differenzierter verdeutlichen. (Außer bei Schmidt-Rottluff, Klee und Jawlenskij handelt es sich durchweg um die Wiedergabe von Bildausschnitten.)

Dieses Antlitz ist von einem Kranz eingefasst, blumenkelchartig, sonnenähnlich. Streng und gradlinig ragt von oben in dieses Rund eine Nase herein, die von zwei kubischen Formen flankiert wird, den Augen. Weicher als diese ist der Mund mit seiner Öffnung. Ihm gegenüber scheinen die Augen geschlossen zu sein – oder aber weit aufgerissen. Es fällt schwer, ihren Blick zu beschreiben: Überallhin und nirgendshin gerichtet, vergegenwärtigt er ein grenzenloses Gesichtsfeld. Die beiden imaginären Linien Nase – Mund, Auge – Auge beschreiben ein Kreuz in der Mitte des Ovals. Die Formen sind archaisch. Sie setzen ein Zeichen, sie formulieren ein Gesetz: »So ist es!«

[Melanesische Ahnenfigur, Neue Hebriden (Pazifik)]

Eine Scheibe: In ihrer unteren Hälfte dominiert ein Zeichen die ganze Gesichtslandschaft: gleich einer Palme oder einem Gehörn oder einem fliegenden Vogel schwingt die Nase oben aus in die zwei Brauen. Die Augen sitzen eng am Stamm (Nüsse, Früchte, Knospen), während der Mund ganz am unteren Scheibenrand seinen Ort gefunden hat, kantig wie ein Tor (architektonisch). Auf der Höhe der Augen, ähnlich weit hinausgerückt wie der Mund, zwei geritzte Kringel, die Ohren.
Die deutliche Riffelung der Augenknospen differenziert diese zwar in obere und untere Lider, aber der Blick selbst bleibt wieder unartikuliert. Wie eine Knospe (oder ein Same) ganz in sich ruht und doch im Zusammenhang steht mit dem Umkreis, in den sie sich einmal hineinentfalten wird, so ruhen hier diese Augen, zentriert, aber von der Peripherie längst wissend.
Wieder archaische, allgemeine, vorpersönliche Formen, die aus der Natur stammen und erst durch ihre Anordnung und Nachbarschaft übersetzt werden in Antlitz – Sprache. Alles ruht und klingt in völliger Zeitlosigkeit.

[»Akuaba« – Mutter Erde, Afrika]

Was bisher kreisförmig war, öffnet sich hier nach unten und läuft in einen Bart aus, entsprechend hierzu teilt sich das ornamental gefasste Haar über der Stirn. Die parallel geschwungenen Linien dieser Frisur geben dem Antlitz etwas Formelhaftes. Durchaus archaisch sind noch die Spiralen der Nasenflügel und jene doppeltgebogenen »F–Löcher« (wie man sie bei einer Geige findet) der Ohren. Die schwingenden Falten der Stirn ziehen in einer Linie auf dem Nasenrücken hinab und umspielen so ein magisches Dreieck da, wo der Mystiker ein drittes Auge vermutet. Gehalten werden all diese Kurven durch den Blick der Augen. Iris und Pupille sind deckungsgleich, zwei schwarze Scheiben, nur oben von den Liedern begrenzt. Aber werden wir schon angeschaut, oder ist es nicht, je länger wir hinschauen, der leere Blick einer Maske, deren dunkle Augenlocher offen stehen?

[»Christus«, 2. Hälfte des 11. Jahrhunderts,
Glasmalerei,Wissembourg, Elsass]

Hier ist nun zweierlei geschehen: das Haupt ist dem Menschlichen näher gekommen, feine, zerbrechliche Töne gehen aus von diesem mandelförmigen Gesicht, plastischer ist es geworden. Und anderseits ist ein Nimbus aufgeblüht, die Scheibe ist wieder da, aber jetzt als leuchtender Umkreis, als sichtbar gewordene Umgebung des darin eingebetteten Kopfes. Kraftvoll manifestiert sich dieser Heiligenschein, stabilisiert durch den reifartigen Rand und gegliedert durch das Kreuz im Innern. Wiederum archaische Grundformen, die das Ewige, Heile symbolisieren, die nun aber einen Kontrapunkt setzen zur persönlicher und »kleiner« geworden, inkarnierteren Physiognomie. Der Gesamtausdruck lebt von der Spannung dieser zwei Pole, und der Blick des Dargestellten empfängt von hier seine Intensität, seine Weite. Er trifft uns aber noch nicht innerlich, er geht noch über uns hinweg, nimmt unseren Umkreis stärker wahr als unsere hiesige Gestalt.

[»Christus predigt«, Ende 11. Jahrhundert,
Wandmalerei, Abteikirche Lambach]

Angekommen! Unser Blick und der Blick des Gemalten begegnen einander, sie ruhen ineinander, sie kennen sich. Der Schein um das Haupt hat seine symbolische Dinghaftigkeit verloren, er ist ganz Ausdruck der Persönlichkeit geworden, die uns da gegenübersteht, bildet nicht mehr einen Kontrast, sondern durchwärmt milde das Haupt, den Blick, die Hand: All das nimmt Kontakt auf mit uns Betrachtern. Spuren der Menschlichkeit, so auch von Krankheit und Leid, widersprechen der Christuskraft nicht, sondern lassen Innigkeit zur Würde reifen, sorgen für Nähe und Vertrautheit mit unserem Erdendasein, mit Schicksal, wie es sich hier auslebt.
Dieser ist auch durch Schicksal hindurchgegangen und leuchtet und leidet gleichermaßen. Leiden und leuchten, Hinfälligkeit und Überwindung sind hier in einem sensiblen Gleichgewicht, in einer Balance, die transparent macht für das Geistige im Irdischen, so ausgestaltet und portraithaft es sich hier auch zeigt. Nichts ist hier noch Zeichen, Symbol oder Ornament.

[»Il Redentore«, Milano,
vermutlich Vincenzo Foppa, 1430–1516]

Was ist nun passiert?! Formal unterscheidet dieser Kopf sich nur durch seine leichte Neigung und allerdings durch das dornenumwundene Herz auf der Brust von dem vorangegangenen. Was denn lässt dieses Gesicht mit Bart, Mittelscheitel und langem Haar so anders sein?
Verglichen mit dem letzten Bild ist es eher noch intimer, nicht aber gezeichnet vom Leben, stattdessen geschönt und verschont, merkwürdig glatt und makellos. Die Sentimentalität hängt wohl auch damit zusammen, dass das Gefühl des hier Illustrierten bei ihm selbst zu bleiben scheint, es entzündet sich nicht im Anblick der Welt, sondern genügt sich selbst. Der Versuch ist unternommen, ein idealisches und liebenswürdiges Jesusbild zu bekommen (und wir lehnen gerade diese Idealisierung ab und weigern uns, den Kitsch ernst zu nehmen). Ist hiermit die religiöse Antlitzmalerei ein für alle Mal beendet? Ist das Thema ausgereizt und erschöpft? Hat uns Physiognomie im Hinblick auf Christus nichts mehr zu sagen? Wie geht es weiter, was ist die Antwort des 20. Jahrhunderts?

[»Jesus«, 19. Jahrhundert,
Schule der so genannten Nazarener]

Das ist eine Antwort!
Zersplitterung der anatomischen Form. Scharfkantige Linien durchfurchen das Gesicht und treten draußen wieder auf als Strahlenbündel: Der Heiligenschein explodiert. Die Stirn – ein zerbrochener Stern – trägt die Ziffer 1918. Weltkrieg. Die Augen umzäunt mit Stacheldraht-Wimpern: Das eine groß (Klotz), das andre klein (Schlitz). Das eine kommt, das andere geht. Kommen-und-Gehen, oder auch: Geben-und-Nehmen. In diese offene Dynamik wird auch das Geben-und-Nehmen unseres Blickes mit hineinverwoben: so gemeinsame Blickatmung.
Die Nase grobkantig, der Mund gequollen. Haare und Bart gefranst und gezackt. Tiefe Schwärze, grelles Weiß. Die heile, süße Idealwelt des Jesus aus dem 19. Jahrhundert ist restlos kaputt. Ein geschändeter, hässlicher Clown ist geblieben und wagt es, uns weiterhin anzublinzeln. Doch wagen auch wir es, diesem Blick standzuhalten? Was für Kräfte müssen wir mobilisieren, hier dranzubleiben und uns immer wieder neu einzustellen, einzulassen, zu beruhigen? Und langsam zu bemerken: Es fügen sich die Splitter wider Erwarten zusammen, eine Bewegung geht durchs Antlitz, sein Blick wird ernst. Er steht und schaut trotz allem, und gerade dadurch eine ganze Dimension tiefer hinein in mein Inneres. Er trifft mich in meiner Gegenwart.
Und dann ist da noch am unteren Bildrand die Frage zu lesen:
»Ist euch nicht Kristus erschienen?« 1918, im Krieg, im Elend, im Grauen, im Tod und am Abgrund des Bösen: Ist Euch gerade da denn nicht der Christus erschienen, habt Ihr ihn bemerkt mitten in alledem?! Er ist da hindurchgegangen, er ist uns näher denn je, ist ein anderer geworden, ist neu gekreuzigt worden. Ist er auch neu auferstanden in Eurer Wahrnehmung und habt Ihr euch selbst in ihm erkannt?
So kann das Thema Antlitz weiter wirken. Es ändert unseren Blick, indem es mit ihm erst wirklich entsteht.

[»Christus«, Karl Schmidt –Rottluff,
Holzschnitt 1918]

1918
t·euch·nicht
Kristus·erschie

Auf den ersten Blick scheint hier Beruhigung eingetreten zu sein, das Aufgebrochene, Zersplitterte scheint wieder zusammengefügt. Doch nicht in die alte anatomische Form, sondern in eine neue »Anatomie«, deren Plastizität von dem Spannungsfeld, in dem sie steht, herrührt. Ich habe über die Gesamtkomposition, innerhalb derer dieser Kopf nur ein Detail ist, bereits im 2. Kapitel geschrieben (Station 4). Anstelle einer Mandorla, eines Heiligenscheins, sind da im unmittelbaren Umkreis die Widersacher angeordnet: Neben, unter und über der Christusgestalt befinden sich Ahriman und Luzifer. Ihrer polaren Dynamik, ihrer Zerreißprobe ist dieses Antlitz ausgesetzt. Was wir hier sehen, ist alles andere als ein Schönheitsideal.

Der Wirbel auf der Stirn, die Wölbung der Brauen-Partie samt steil vorgezogener Nasenwurzel, die schräg abfallenden Augen, der formstarke Mund, die feine, zurückgenommene Kinn-Linie, alles ist so gefügt, dass eine starke Konzentration daran abzulesen ist. Dieser hat etwas »im Auge«, seine Aufmerksamkeit, sein Stehen im Abgrund der Mitte ist der Grund seiner Gesichtsgestalt. Seine Aufmerksamkeit scheint bis in die Knochen hinein formend zu wirken.

[»Der Menschheitsrepräsentant«, R. Steiner,
Holzplastik 1917–1924]

Es taucht wieder eine Sonne auf. Nicht so archaisch wie bei den Naturvölkern, heiter, spielerischer, aber auch labiler und transparenter. So sehr der Kreis auch dominiert, er ist dennoch vermittelnd im Zwischenraum, indem er einerseits den Gelbgrund der Bildtafel ausspart und anderseits ein schmaleres, rosafarbenes Gesicht beherbergt. So kommt es, dass das Augenpaar bei all seiner grafischen Fixiertheit doch auch wieder in der Veränderlichkeit lebt, da es so verschieden eingebettet ist, je nachdem, wie wir im Betrachten die Bezüge herstellen. Noch aus einem anderen Grund lebt dieser Blick: Die schmalen Mandelumrisse berühren einander, obwohl sie auf verschiedenen Ebenen liegen, und so spielen sie ineinander, könnten aus einer einzigen lemniskatenförmigen Linie entstanden sein, deren Schnittpunkt ein dunkler Brauenbogen entspringt. Er überwölbt das tiefer liegende Auge. Die stärkste Bewegung aber wird dadurch hervorgerufen, dass einer der beiden roten Irisbälle in der Mitte des höheren Auges liegt und so gerade herausschaut, während der andere im tieferen Auge nach innen schaut, aus der Augenmitte herausgerückt. So scheinen diese zwei Murmeln auf ihrer Bahn zweierlei Kräften zu unterliegen. Die eine Kugel trifft uns genau, die andere lauscht dem Nachbarauge, rückt an es heran, scheint schwächer und erreicht uns »auf anderer Ebene«, aber leiser. Es hängt vom Bildbetrachter ab, ob er hier nur »Schielen« diagnostiziert, oder ob er in einen Dialog mit diesem selbstbewussten Augenpaar einsteigt und an seinem Balanceakt teilnimmt. Dann erst schaut es wirklich. Zu solchem Balancieren lädt dieses ganze Gesicht überhaupt ein mit all seinen kleinen Asymmetrien. Wenn unser Blick wandert und alle Gewichte dieses Mobiles miteinander abwägt, in Beziehung setzt, tritt ein heiteres Gleichgewicht ein, eine gleichzeitig ernste Innigkeit, die auch im Leben gemeinsam mit verwandelnder Bewegung auftritt.

[»Senecio«, Paul Klee, 1922, 181]

Vertikale und horizontale Pinselstriche, die den Goldgrund durchschimmern lassen. Schwarzes Gebälk und farbige Felder, das ist alles. Dabei ist es noch ein Doppeltes: Kreuz und Antlitz zugleich. Es schweigt. Der Blick ist einwärts gerichtet, tiefer noch durch eine sinkende Braue. Augen? Querbalken! Zwei dunkle Linien. Doch ist nicht alles nächtlich! Der Wechsel vom Blau hinüber zum Rot verrät größte Wachheit, wie immer, wenn zwei Welten einander begegnen. Über solcher Begegnung öffnet sich ein drittes Auge, ganz oben, der gelbe Fleck: Gestirn.

[»Meditation auf Goldgrund«,
Alexej Jawlenskij, 1936]

Gewebe … Land oder Himmel … schütter. Über solches Gelände fährt herab eine erdbraune, brüchige Linie. Oben war sie Stirn, dann Nase und wird unten gehalten vom waagerecht schwebenden Mund. Der berührt sie leise. In feiner Biegung nach rechts steht diese Linie nun da wie ein Zweig. Die Augen sind ungleiche Orte zu beiden Seiten des Zweiges. Die rechte Iris, von uns aus gesehen links, steht aufrecht und wird durchs obere Lid im Bogen durchkreuzt. Dieser Bogen führt bis an den Zweig heran, oder ist selber Abzweigung. Die linke Iris, tiefer gelegen, ruht fülliger, fruchtiger unter bläulicher Braue, die hinüberspielt bis ins andere Auge. Dieses Antlitz scheint sich im Dreiviertelprofil nach uns hinzuwenden, umzuwenden. Es ist fortwährend dabei, mit uns in Verbindung zu treten. Sein rechtes Auge tut dies männlich, konzentriert, sein linkes lebt mehr im Umkreis, ist mehr Ohr, das weiblich lauscht und empfängt. Wieder Blickatmung also zu uns hin.
Seine rechte Wange entsteht konkav an einer blau herankommenden Fläche, die linke verströmt hin zum sonnigen Gelb, wo zwei parallele Kurven schweben und konvexe Rundungen andeuten, ohne dass deswegen Körperlichkeit entsteht.
Nervige Linien durchschwirren das ganze Bild, wie Schwalben Hochsommerhimmel durchfahren … Im nächsten Augenblick sind Augen und Nase und Mund nur noch Wege und Gräben in dieser Landschaft. Ob Blickkontakt überhaupt sich ereignet, ob Auge zu Auge findet, ist meine Tat.

[Altarbild, Hilu Zanke,
1998, Gemeinde Pforzheim]

Was sich da in 11 Schritten vor uns abgespielt hat, ist auch das Drama unserer menschheitlichen Bewusstseinsentwicklung: Kunstgeschichte.
Ich zeichne dieses Drama nochmals in seinen wichtigsten Zügen nach und stelle der Bilderfolge vor allem zwei Fragen:

Mit welchen Mitteln wurde jeweils »Mitte« erzeugt?
Wie »blickt es«?

I. Am Anfang war das Antlitz ein Zeichen, ein Symbol, das in sich ruht. Es war im Ausdruck vorpersönlich. Es markierte einen architektonisch anmutenden Ort, der stabil und dinghaft erlebt wird. Mitte ist durch Zentrierung festgelegt, und das mit der Ausstrahlung eines Gesetzes, das Sicherheit verleiht. Der Blick ist überall und nirgends zugleich. Er kennt noch keinen Widerspruch zwischen Zentrum und Peripherie, er kümmert sich aber auch nicht um mich. Er ist vorperspektivisch, man könnte auch sagen kosmisch.

II. Dann ist eine Annäherung an das Menschliche und sogar Persönliche zu beobachten. Das heißt, die Formen sind nicht mehr symbolisch-ornamental. Sie ruhen nicht mehr in sich selbst sondern ahmen unsere Gestalt nach, bilden sie perspektivisch ab und illustrieren zunehmend auch das Seelische. Mitte kann nun moralisch erlebt werden. Sie stellt sich als gut dem Bösen entgegen. Der Blick trifft mich und spricht das in mir an, woraus er selber besteht. Am Ende dieser Epoche wird der schöne Schein aber sentimental.

III. Dann bricht die Form auseinander, Leere wird offenbar: In ihr wird die neue Mitte jetzt gesucht, im Zwischenraum, im Unsichtbaren, in der labilen Balance zwischen den Polen, in der Bewegung. Sie ist nicht abgebildet, eher ausgespart. Sie ist nicht gesetzt, nicht moralisch-illustrativ, sondern entsteht erst im aktiven, individuellen Wahrnehmungsprozess. Sie ist nicht als ›gut‹ das Gegenteil vom Bösen, sondern lebt als Ausgleichendes, Erleidendes, Gebärendes mitten im Spannungsfeld. Diese Mitte integriert auch das Hässliche. Entsprechend sind diese Antlitze aperspektivisch, sie sind nicht mehr persönlich, abgeschlossen, sondern öffnen sich hin zum Überpersönlichen. Ihr Blick sucht in meinem Blick Ergänzung und Fortsetzung, provoziert meine eigene Bewegung, d. h. meine Kreativität im Blicken, einen Gegenbildprozess. Archaische Formen, wie Kreis und Kreuz, tauchen z. T. wieder auf, sind nun aber vom Persönlichen des Malers durchdrungen und individuell ergriffen. Der Christus (das Leben, der Geist) muss jetzt auf anderer Ebene gesucht werden. Nicht im Anschauen eines Gebildes, das nur aussieht *wie er* – nicht in einem »Bildnis« – sondern im Wahrnehmungsprozess selbst: Dass dieser ein schöpferischer Akt ist und dass ich in ihm ein ätherisches Niveau schaffe und betrete, dass ich da in einer Mandorla stehe, mag jetzt immer greifbarer werden.

Die Kunst ist somit in eine Dimension eingetreten, die Seins-Charakter hat (nicht nur Schein und Abbild der Wahrheit und Wesenheit bedeutet oder sie nur symbolisiert).
Die Ankunft des Unsichtbaren in der Kunst und die unsichtbare Ankunft des Christus selbst – beides stellt Anforderungen an die Wahrnehmung.

Und was sagt nun das Evangelium dazu?

Und was bedeutet all dies für unser Christus-Begreifen?

Umwertung der Werte

Nach der Gefangennahme des Jesus von Nazareth steht dieser dem Hohenpriester gegenüber, und der fragt, obwohl er ihn doch vollständig vor sich hat, ob er der Christus sei. Es war also auch vor 2000 Jahren nicht selbstverständlich, trotz der Inkarnation des Christus in Jesus, ihn zu erkennen, ihn zu sehen. »Ich beschwöre dich bei dem lebendigen Gott, dass du uns sagst, ob du der Christus, der Sohn Gottes, bist. Da sprach Jesus zu ihm: Du musst es sagen. Ich sage euch: Von jetzt ab werdet ihr den Men-

schensohn sehen, sitzend zur Rechten der Kraft, kommend auf den Wolken des Himmels.« (Matthäus 26, 63 – 64)
In eigenen Worten: Du musst es sagen, denn ich bin nicht von der Art, dass ich vor euch stehe und sage: Schaut nur her, ich bin es! Das kann ich so um eurer Freiheit willen nicht selber sagen. Aber ihr könnt mit eurer Wahrnehmung zu mir durchdringen und es mir zusprechen, dass ich es bin! Erst wenn es von euch gesprochen ist, stimmt es mit meinem Wesen überein.
Im unmittelbaren Anschluss an diese knappe, methodische Unterweisung spricht er von seiner zukünftigen Gestalt, in der er dann leibbefreit, im Ätherischen, »auf den Wolken«, wiederkommt.
Jetzt noch einmal hingeblickt auf die Antlitze des 20. Jahrhunderts: Auch sie sagen nicht von sich aus: ich bin es! Denn, was da *physisch* zu sehen ist, verneint ja eher die Christus-Identität, als dass sie diese abbildet. Statt dessen fordern auch diese Bilder auf: Du musst es sagen, du musst mich im Erblicken zeugen, dann stehe ich wahrhaftig vor dir. Dieses Stehen geht aus deiner Bewegung hervor.

Im 17. Kapitel des Lukasevangeliums fragen die Pharisäer: »Wann kommt das Reich Gottes? Er antwortet: Das Reich Gottes kommt nicht in äußerlich wahrnehmbarer Gestalt. Es kommt auch nicht so, dass man sagen könnte: siehe hier oder siehe dort ist es. Siehe, das Reich Gottes ist inwendig in euch. Es werden Zeiten kommen, da wird man zu den Menschen sprechen: siehe da, siehe hier ist er! [bzw. siehe, da ist er nicht, dort ist er auch nicht! N. S.] Folget diesem Ruf nicht und geht auf diesem Wege nicht.
So wie der Blitz an einer Stelle des Himmels aufflammt und doch über das ganze Firmament schnell sein helles Licht ausgießt, so wird der Menschensohn an seinem Tage sein.«

Wieder ein methodischer Hinweis: Nicht da oder dort (es geht nicht um etwas, worauf man mit Fingern zeigen kann), sondern zwischen dem Da und dem Dort, in der Bewegung (in der auch der Blitz lebt), in der Mitte, der leeren wandernden, gastlichen, da findet ihr mich künftig.

Lukas, der Evangelist, war auch Maler. Er spricht zu den Christus-Suchern und Künstlern unserer Zeit.

Ebenfalls bei Lukas, im 21. Kapitel, (aber auch bei Matthäus und Markus) spricht Christus apokalyptisch: »Und es werden Zeichen erscheinen an der Sonne, am Mond und an den Sternen, und auf der Erde wird Bedrängnis herrschen unter den Völkern und Ratlosigkeit beim Heranbranden des Meers und seines Wogenschwalles. Und die Menschen werden die Besinnung verlieren vor Furcht und Erwartung dessen, was über den Erdkreis hereinbricht. Und sogar die Kräfte des Erdumkreises und des Himmels werden in Erschütterung geraten. Dann wird der Menschensohn den schauenden Seelen erscheinen im Wolkensein, umkraftet von den bewegenden Weltenmächten, umleuchtet von den Geistern der Offenbarung.
Wenn aber das alles zu geschehen anfängt, so richtet euch auf und erhebet eure Häupter, denn dann naht sich euch die Erlösung.«

Diese Worte sind zugleich auch eine Beschreibung dessen, was Mandorla ist. Sie können gelesen werden wie eine Anleitung zu zeitgenössischer(Lebens-)Kunst: … wenn alles, was bisher festgefügt schien und euch Sicherheit gab, erschüttert wird und in Bewegung übergeht, dann lernt in dem Schwanken, in der Unsicherheit, in der Angst *stehen*, denn dabei nahe ICH euch, trete ich ein in eure Wahrnehmung und verleihe euch neue Sicherheit.
Der Gegenbildprozess und das Stehen im Zwischenraum, wie sie uns bisher begegnet sind, finden hier ihre neutestamentliche »Begründung.«

Christus also in der wandernden, leeren, gastlichen Mitte, einer Mitte, die Spannungsfeld ist, in dem er uns erscheint und nahe ist, wenn auch wir darin anfangen zu stehen?!
Das lässt sich alles heute bereits so denken. Aber ist mein Christusbild (mein innerlich gefühltes Begreifen und Anschauen, ja und sogar mein Ansprechen dieses Wesens) schon davon durchtränkt? Bete ich zu einem solchen? Spreche ich ihm zu, dass er's

ist? Und habe ich also auch ein bewegtes, schöpferisches (hervorbringendes) Verhältnis zu ihm?
Oder sehe ich ihn in meiner religiösen Praxis nicht doch eher als vollendetes, von mir ganz unabhängiges, leuchtendes Idealbildnis?

Rudolf Steiner scheut nicht davor zurück, die Revolutionsformel Friedrich Nietzsches zu gebrauchen, wenn es ihm darum geht, über die Notwendigkeit eines erneuerten Christus-Begriffes zu sprechen: »Wir stehen davor, ein Wort, das Nietzsche oftmals gebraucht hat, sehr ernst zu nehmen. Das Wort von der Umwertung gewisser Werte.« Eine solche Umwertung nimmt Steiner vor in dem Vortragszyklus *Die Sendung Michaels*, aus dem ich bereits in den Kapiteln 2 und 3 zitiert habe. Im ersten Vortrag analysiert Steiner unser eingefleischtes Gottesbild, das ein dualistisches sei: Wir begriffen Gott immer noch (und nur) als Gegenteil vom Teufel. Und entsprechend, nach demselben Schema, das Gute, das Lichte, das Heilige und den Himmel als Gegenstück zum Bösen, Finsteren, Sündigen und zur Hölle. In Wirklichkeit aber sei das Böse bereits eine Zweiheit, und er charakterisiert es in prägnanten Zügen als das Ahrimanische und Luziferische. Diese beiden Elemente, das eine verknöchernd-überformend, das andere schwärmerisch-auflösend, seien die Pole, die ausgeglichen werden müssten. »Das Göttliche besteht in dem Gleichgewichthalten zwischen beiden.« Der Christus-Impuls sei das Balancieren in der Mitte zwischen diesen polaren Mächten, also das Erzeugen von Mitte. So kommt Steiner zur Forderung der Zahl drei, ohne die der Christus gar nicht zu begreifen sei: Denn in dem alten dualistischen Schema käme er gar nicht vor. Da hätte Luzifer eben den Namen »Gott« und Ahriman den Namen »Teufel« verliehen bekommen und eine Mitte, und somit auch ein Göttliches, wäre ausgeschaltet.
»Dadurch, dass man irgend etwas Christus nennt, hat man den Christus nicht getroffen. Und man kann verhindern, dass der Christus getroffen werde mit dem Christus-Namen, wenn man an die Stelle der Dreizahl die Zweizahl stellt. Wollte irgend jemand den Menschen sicher davon abbringen, einen richtigen Be-

griff von dem Christus zu erringen, dann hätte er nur nötig, an die Stelle der Dreizahl die Zweizahl zu setzen.«

Zweizahl: $\dfrac{\text{»Gott«}}{\text{»Teufel«}}$, Dreizahl: Ahriman – *Christus* – Luzifer

Bevor Steiner dann im 6. Vortrag den Gegenbildprozess als Technik der Mitte entwickelt, legt er im 3. Vortrag den Finger noch auf eine weitere Wunde: auf unser Verhältnis zum Hässlichen, auf die Dualität schön-hässlich:

»Sehen Sie, der Mensch ist ... heute geneigt, einseitig in der Darstellung des Schönen zum Beispiel ein Ideal zu sehen. Gewiss, man kann das Schöne als solches darstellen. Aber man muss sich bewusst sein: Würde man sich nur an das Schöne hingeben als Mensch, dann würde man in sich kultivieren diejenigen Kräfte, die in das luziferische Fahrwasser hineinführen. Denn in der wirklichen Welt ist ebenso wenig ... einseitig vorhanden das bloße Schöne. Das bloße Schöne, verwendet von Luzifer, um die Menschen zu fesseln, zu blenden, würde gerade die Menschheit frei machen von der Erdenentwicklung und sie nicht mit der Erdenentwicklung zusammenhalten. In der Wirklichkeit haben wir, so wie mit einem Ineinanderspiel von Evolution und Devolution, es zu tun mit einem Ineinanderspielen, und zwar einem harten Kampf der Schönheit gegen die Hässlichkeit. Und wollen wir die Kunst wirklich fassen, so dürfen wir niemals vergessen, dass das letzte Künstlerische in der Welt das Ineinanderspielen, das Im-Kampfe-Zeigen des Schönen mit dem Hässlichen sein muss. Denn allein dadurch, dass wir hinblicken auf den Gleichgewichtszustand zwischen dem Schönen und dem Hässlichen, stehen wir in der Wirklichkeit darinnen ... Es ist sehr notwendig, dass solche Ideen, wie ich sie eben geäußert habe, in die menschliche Kulturentwicklung einziehen. In Griechenland ..., da konnte man sich einseitig der Schönheit widmen ... Seit jener Zeit aber darf der Mensch den Luxus sich nicht mehr gönnen, etwa bloß das Schöne zu kultivieren. Das würde Flucht aus der Wirklichkeit sein. Er muss sich kühn und tapfer gegenüberstellen dem realen Kampfe zwischen Schönem und Hässlichem. Er muss die

Dissonanzen im Kampfesspiel in der Welt empfinden können, mitfühlen, miterleben können.
Dadurch kommt Stärke in die Menschheitsentwickelung ...«
Diese Stärke, so führt Steiner dann weiter aus, sei nichts anderes, als die Fähigkeit, sich selbst als geistiges Wesen – und den Christus zu erleben.

Was da gefordert wird, ist letztlich Empathie: Einfühlsames, ausgleichendes, freihändiges »Stehen« im apokalyptisch bewegten Gelände. Steiners Kunstbegriff erweist sich hier als ein erweiterter Christusbegriff, und sein Christusbegriff als potentieller Kunstbegriff. Die Realisierung sowohl des einen als auch des anderen geschieht durch die Überwindung des Dualismus, durch die Umwertung der unfruchtbar gewordenen, dualistischen Werte.

6

Die Niemandsrose

Paul Celan

Die Niemandsbucht gibt Einblick in ein Stück Biografie von Peter Handke. Es ist die Nachzeichnung der Taten eines Jahres nur – und zugleich des ganzen bisherigen Schauens, Gehens und Lebens.
Handke ist unter uns – er wohnt wie du und ich da oder dort, er fasst die Dinge an, liebt sie, zeigt sie, beäugt sie in ihrer Gemeinschaft mit scheinbar ganz andern Dingen, er geht in diesem Gemeinschaftsraum spazieren als in einem friedlichen Neuland. Er gewinnt Land neu. Gegenbildland. Zwischenraumland. Neue Welt.
Celan dagegen ist über uns, im ganz anderen Land. Schon im Leben war ihm der Tod gegenwärtig gewesen und sprach ihn aus allem Hiesigen an, drängte aus allen Zwischenräumen in die Dinge hinein. Deswegen folgt jetzt die Biografie von Paul Celan nicht punktuell, sondern von Anfang bis Ende erzählt: ein vollständiges Gegenbild-Drama:

Paul Antschel. Der Name Celan entstand später durch die Umkehrung der Silben An-Tschel in Cel-an, die er selbst recht früh schon vorgenommen hat. Geboren wurde Celan am 23. November 1920 in der damals rumänischen Bukowina, in Czernowitz. Die Hälfte der 100 000 Czernowitzer waren Juden. Paul wuchs auf im Spannungsfeld zwischen dem strengen Vater, der auf eine chassidisch-zionistische Erziehung achtete und der deutschen Mutter, der die deutsche Sprachkultur am Herzen lag.
So ist der Sohn dieser Eltern ein rumänischer Jude mit deutscher Muttersprache. Er spricht außer deutsch natürlich rumänisch, darüber hinaus aber auch russisch, hebräisch, französisch und englisch. Und er liest früh schon Goethe, Schiller, Hölderlin, Heine, Nietzsche, Hofmannsthal, Rilke, Kafka, Trakl, Verlaine, Rimbaud und mit großer Hingabe Shakespeare!

Mit 15 Jahren dichtet er bereits. Er trifft sich mit anderen Jugenddichtern in der Wohnung von Rose Ausländer.
1941 dann der Judenstern, die Ghettoisierung, die Zwangsarbeit. Eine Szene am trennenden Zaun, die dem Sohn sich lebenslänglich einbrennt und eine Art permanenten Schocks verursacht: Vater und Sohn berühren einander zum letzten Mal. Ohnmächtig muss er zusehen, wie die Eltern abgeführt werden in Richtung Konzentrationslager. Nicht aber er!! Das lässt ihn sich schuldig fühlen. Für ihn nur Zwangsarbeit. Der Vater stirbt 1942 an Typhus, die Mutter wird kurz darauf erschossen.
1945 – Nachrichten aus den KZs sind längst in die Bevölkerung gesickert. Man weiß jetzt. Und in Celan entstehen Bilder, es verdichtet sich in ihm der KZ-Alltag zu einer beißenden Vision. Diese nimmt, nach erster, tödlicher Sprachlosigkeit langsam doch Sprache an und wird zur »Todesfuge«. Erst 1952 in Deutschland veröffentlicht, macht sie den Dichter bekannt, ist sie das Zeichen, an dem man ihn bald festmachen wird.
Von Bukarest aus gelingt die Flucht nach Wien. Wien aber bietet ihm keinen Lebensraum; er sucht weiter und findet Paris, seine Schicksalsstadt (1948-1970). Deutschland kommt nicht in Frage. Celan spart dieses Land seiner Sprache aus, er umgeht es sorgsam. Zwar wird er Einladungen folgen, etwa 1958, zur Entgegennahme des Literaturpreises in Bremen, oder zu Lesungen seiner Werke da und dort – aber stets, um schnell wieder heimzukehren. Heim? Zuhause ist er allerdings auch in Paris nicht. Da ist er zwar Lehrer, Übersetzer und verheiratet mit Gisèle Celan-Lestrange, aber Heimat hat er zeitlebens verloren. Nur die Sprache, sie ist ihm vertrautes Gelände und zunehmend Heimat. Wort für Wort pflügt er da seinen Acker um und um, gewinnt er zögernd, tastend Neuland: 800 Gedichte, 800 Versuche, stehen zu können, Rettung zu finden.

Der erste Sohn stirbt bald nach der Geburt (die Wurzeln ausgerottet, der neue Trieb nicht lebensfähig …). Der zweite Sohn, Eric, aber lebt. Gisèle ist katholisch und in der Wohnung steht der siebenarmige Leuchter, daneben die Thora in hebräischer Sprache. Welche Beweglichkeit ist da gefordert von beiden! Welche

Übersetzungsfähigkeit, welche Übersetzungswilligkeit! »Übersetzen«: die Berufung Celans.
Er ist ein bekannter Mann. Umstritten, unverstanden, aber zunehmend »anerkannt« als *der* deutsche (?) Nachkriegsdichter. Er selber steht einsam da, fühlt Isolation. Wohl ist da eine Verbindung zu Menschen wie Martin Buber und Martin Heidegger. Aber auch diese Brücken bricht Celan ab, als er spürt: sie teilen nicht seinen, den, Auftrag. Sie wollen vergeben, vergessen und (weiter-)leben, er aber will anschauen, unausgesetzt hinschauen auf die Wunde in der Vergangenheit, kann nicht voraussetzungslos vergeben; er muss zuvor der Erfahrung mit dem Bösen das Weiterführende erst abringen. Er muss sich dem Nachbild stellen, er will es aufleuchten lassen. Und sieht erst darin den möglichen Wendepunkt, den wirklichen Ausgleich, die Heilung. Ohne diese kein weiteres Leben. Er kämpft ums Leben.
Antisemitische Angriffe auf offener Straße, der Rufmord durch Claire Goll, die ihn des Plagiats bezichtigt, er hätte das Dichterwerk Yvan Golls (gestorben 1950) geplündert, sorgen ihrerseits für seine zunehmende Erschütterung. Sein Ort im Hiesigen schrumpft:

SPRICH AUCH DU

Sprich auch du,
sprich als letzter, sag deinen Spruch.

Sprich –
Doch scheide das Nein nicht vom Ja.
Gib deinem Spruch auch den Sinn:
Gib ihm den Schatten.

Gib ihm Schatten genug,
gib ihm so viel,
als du um dich verteilt weißt zwischen
Mittnacht und Mittag und Mittnacht

Blicke umher:
Sieh, wie's lebendig wird rings –
Beim Tode! Lebendig!
Wahr spricht, wer Schatten spricht.

Nun aber schrumpft der Ort, wo du stehst:
Wohin jetzt, Schattenentblößter, wohin?
Steige. Taste empor.
Dünner wirst du, unkenntlicher, feiner!
Feiner: ein Faden,
an dem er herabwill, der Stern:
um unten zu schwimmen, unten,
wo er sich schimmern sieht: in der Dünung
wandernder Worte.

Hier schrumpft der Ort, aber im Sprechen, im Dichten, tut ein anderer Weg sich ihm auf, fadendünn, aber Sternstraße: Da will etwas hinab – zu ihm – zu uns, ins Wort. Dem weiß er sich verpflichtet, dem steht er zur Verfügung. »… geh mit der Kunst in deine allereigenste Enge. Und setze dich frei.« Durch diese »Enge«, auf das »Fremdeste« zu, so erfährt er, vermag das Gedicht »in eines Anderen Sache zu sprechen – wer weiß, vielleicht in eines ganz Anderen Sache.«[*]
In seiner Celan-Biografie (aus ihr sind alle Zitate entnommen) bemerkt John Felstiner hierzu: »Kurz bevor er seine Rede hielt, hatte Celan Rudolf Ottos Buch *Das Heilige* gekauft. Ihm entnahm er Ottos Bezeichnung des für uns unbegreiflichen Gottes – »der ganz Andere« –, um das Ziel der Dichtung zu bestimmen.«

In eines ganz Anderen Sache zu sprechen; und dies auf ganz andere Art: »Auch musiziere ich nicht mehr, wie zur Zeit der vielbeschworenen *Todesfuge*, die nachgerade schon lesebuchreif gedroschen ist« … »Und was meine angeblichen Verschlüsselungen anlangt, ich würde eher sagen: Mehrdeutigkeit ohne Maske« … »Ich trachte sprachlich wenigstens Ausschnitte aus der Spektral-Ana-

lyse der Dinge wiederzugeben, sie gleichzeitig in *mehreren* Aspekten und Durchdringungen mit anderen Dingen zu zeigen« … »meine angebliche Abstraktheit und wirkliche Mehrdeutigkeit halte ich für Momente des Realismus.«
»Jedes Wort ist mit direktem Wirklichkeitsbezug geschrieben. Aber nein, das wollen und wollen sie nicht verstehen.«

Mehrdeutigkeit, Durchdringung, Spektralanalyse der Dinge … Celan arbeitet zielstrebig und mit der Gewissenhaftigkeit eines Wissenschaftlers an einer aperspektivischen Sprache, die dem ganz Anderen zur Mandorla werden kann, in der dieser, der Unbegreifliche, sich doch zu offenbaren vermag, begreifen lässt.
Seine Gedichte sind ihm dabei gleichzeitig »ein im Prozess des Schreibens sich verdeutlichendes Ich.« Das Ich und der ganz Andere, sind sie nicht miteinander zunehmend verwandt (die Nichts-, die Niemandsrose)?

Kaum ein Schriftstück gibt so unmittelbar Einblick in Celans Arbeit, wie seine Bremer Rede (1958):

» … Erreichbar, nah und unverloren blieb inmitten der Verluste dies: die Sprache.
Sie, die Sprache, blieb unverloren, ja, trotz allem. Aber sie musste nun hindurchgehen durch ihre eigenen Antwortlosigkeiten, hindurchgehen durch die tausend Finsternisse todbringender Rede. Sie ging hindurch und gab keine Worte her für das, was geschah; aber sie ging durch dieses Geschehen. Ging hindurch und durfte wieder zutage treten, ›angereichert‹ von all dem.
In dieser Sprache habe ich, in jenen Jahren und in den Jahren nachher, Gedichte zu schreiben versucht: um mich zu orientieren, um zu erkunden, wo ich mich befand und wohin es mit mir wollte, um mir Wirklichkeit zu entwerfen. […]
Das Gedicht kann, da es ja eine Erscheinungsform der Sprache und damit seinem Wesen nach dialogisch ist, eine Flaschenpost sein, aufgegeben in dem – gewiss nicht immer hoffnungsstarken – Glauben, sie könne irgendwo und irgendwann an Land gespült

werden, an Herzland vielleicht. Gedichte sind auch in dieser Weise unterwegs: sie halten auf etwas zu. Worauf? Auf etwas Offenstehendes, Besetzbares, auf ein ansprechbares Du vielleicht, auf eine ansprechbare Wirklichkeit.
Um solche Wirklichkeiten geht es, so denke ich, dem Gedicht. Und ich glaube auch, dass Gedankengänge wie diese nicht nur meine eigenen Bemühungen begleiten, sondern auch diejenigen anderer Lyriker der jüngeren Generation. Es sind die Bemühungen dessen, der, überflogen von Sternen, die Menschenwerk sind, der, zeltlos auch in diesem bisher ungeahnten Sinne und damit auf das unheimlichste im Freien, mit seinem Dasein zur Sprache geht, wirklichkeitswund und Wirklichkeit suchend.«

Wirklichkeitswund: verwundet vom Vergangenen, zugleich aber auch Wirklichkeit suchend: nach vorn gewendet. Der Januskopf Celan schafft Dichtung, die eben diese Umwendekraft in sich hat, die Verwandlung selbst ist oder im Gesprochenwerden sein kann. Der Zeltlose, der schutzlos im Freien Hausende, der mit all seinem Dasein zur Sprache geht, zum Logos. Und also unterwegs, zittert er, vibriert er: Membran für das Unerhörte, Unsagbare, was aber doch zum Gehör hindrängt, was Herzland sucht. Unterwegs, denn »Wirklichkeit ist nicht, sie will gesucht und gewonnen sein.« Wer sucht? Wer gewinnt? Celans bange Frage.

PSALM

Niemand knetet uns wieder aus Erde und Lehm,
niemand bespricht unsern Staub.
Niemand.

Gelobt seist du, Niemand.
Dir zulieb wollen
Wir blühn.
Dir
Entgegen.

Ein Nichts
Waren wir, sind wir, werden
Wir bleiben, blühend:
Die Nichts-, die
Niemandsrose.

Mit
Dem Griffel seelenhell,
dem Staubfaden himmelswüst,
der Krone rot
vom Purpurwort, das wir sangen
über, o über
dem Dorn.

Niemand – Nichts – Nichtsrose und Niemandsrose. Setzt Celan diese Wort*leiber*, auf dass sie bleiben, was sie sind: Verneinung? Oder weiß er, dass er damit Gegenbilder hervorruft– und somit, aber auf anderer Ebene, im Wort*leben,* Bejahung, Bekräftigung, die wir im Lesen oder Sprechen dann selber (er)leben?!
Entwirft er hier in einem Gegenbildprozess die Urpflanze des ICH, in welcher Menschen-Ich und Gottes-Ich zusammengekommen sind wie rote Blüte und rote Sonne? »Dir zulieb wollen wir blühn, Dir entgegen.«
Doch der Psalmist des ICH erliegt zunehmend seinem (?) Leid. Immer häufiger werden seine Aufenthalte in einer Pariser Klinik. Da notiert er am 8. Dezember 1965: »Kämen Menschen, ich könnte fast neu beginnen.« – »Komm Tod, komm heut!«

STEHEN, im Schatten
Des Wundenmals in der Luft.

Für-niemand-und-nichts-Stehn.
Unerkannt,
für dich
allein.

Mit allem, was darin Raum hat,
auch ohne
Sprache.

Am 20. April 1970 steigt Celan ins Wasser der Seine und ertrinkt unbemerkt. Am 1. Mai findet man den leblosen Körper. Auf seinem Schreibtisch lag aufgeschlagen eine Hölderlin-Biografie mit unterstrichenen Zeilen: »Manchmal wird dieser Genius dunkel und versinkt in den bitteren Brunnen seines Herzens.« Weiter war zu lesen: »meistens aber glänzet sein apokalyptischer Stern Wermut wunderbar.«

Im Kontext dieses Buches über den Gegenbildprozess hat es einen bitteren Geschmack, wenn das Leben eines so weit im Sprachlichen fortgeschrittenen Mernschen, der doch von der Gegenbildebene und somit von der Wahrnehmung des Auferstehlichen in der Welt lebte, so endet. Dieser Tod scheint alles, was an Verwandlungskraft bereits da war, wieder in Frage zu stellen. Aber vielleicht darf man die Krankheit Celans nicht nur als persönliche Tragik und Schwäche verstehen, sondern auch als Symptom, das zwar an ihm erschienen ist, das er ertragen und tragen musste, das aber das objektive Kreuz seiner Zeit war. Und da zeugt es von Stärke, dass er es so intensiv mitgetragen hat. Es hätte mehr solcher Träger gebraucht.
Ingeborg Bachmann und Nelly Sachs waren ähnliche Trägerinnen. In ihnen hatte Celan, neben Gisèle, nahe, liebende, dichtende Schwesternseelen.
Nelly Sachs, ebenfalls Jüdin, geboren in Berlin, lebte seit der Flucht in Stockholm. Es ist ergreifend, wie Celan Worte fand, um sie, die viel ältere, die vor ihm bereits ähnlicher Klinikaufenthalte bedurfte, zu trösten und wieder ins Leben zurückzuholen. Ergreifend auch deswegen, weil, wer sonst nur die Gegenbildsprache seiner Dichtung kennt, hier einmal die unmittelbare Bildsprache des Menschen Celan erlebt:
»Ich denke an Dich, Nelly, immer, wir denken, immer, an Dich

und an das durch Dich Lebendige! Weißt Du noch, wie, als wir ein zweites Mal von Gott sprachen, in unserem Haus, das das Deine, das Dich erwartende ist, der goldene Schimmer auf der Wand stand? Von Dir, von Deiner Nähe her wird solches sichtbar, es bedarf Deiner, bedarf, auch im Auftrag derer, denen Du Dich so nah weißt und denkst, Deines Hier- und Unter-den-Menschen-Seins, es sucht Deinen Blick – : schick ihn, diesen Blick, wieder ins Offene, gib ihm Deine wahren, Deine befreienden Worte mit, vertrau Dich ihm an, vertrau uns, Deine Mit- und Mit-Dir-Lebenden diesem Blick an, laß uns, die schon Freien, die Allerfreiesten sein, die Mit-Dir-im-Licht-Stehenden!« (19.8.1960)
Mit diesen Zeilen im Ohr muss man den PSALM lesen und muss man auch seinen Tod aushalten, wie er war.
Acht Monate zuvor hatte Nelly Sachs geschrieben: »Sie haben mir mit Ihren Gedichten eine Heimat gegeben, von der ich erst glaubte, dass der Tod sie mir erobern würde. So halte ich hier aus.« (19.12.1959)

Heimat, die auch der Tod gibt, ist Geistheimat. In meiner seelsorgerischen Arbeit habe ich erfahren dürfen, wie das Wort Celans, dort, wo nichts mehr tröstet, dort, wo alles helfen-wollende Reden versagt, solche Heimat eröffnet, und dass der Dichter des PSALM, der Niemandsrose, wirklich und wirksam ein Psalmist des ICH ist. Und so will dieses Kapitel auch eine Danksagung sein.

7

Alltag und Kultus

Nun will ich wieder berichten von selbst Erfahrenem, von der Wahrnehmung im Alltag, zu dem u. a. auch der Gottesdienst gehört, hier konkret: »die Menschenweihehandlung«, wie ich sie, als Priester der Christengemeinschaft, zelebriere. Eine Messe in neuer Gestalt.

… Dienstag morgen, ich fahre hinunter in die Stadt zur Kirche. Ich fahre?: Hände und Füße wissen, was sie zu tun haben. Meine Augen registrieren die Fahrbahn (parkende Autos rechts, links entgegenkommende, da Fußgänger, dort Schilder, ab und zu Sperrmüll, da! – welch ein schöner Stuhl!), verweilen aber nirgends länger, sondern schaffen mir durch das alles eine Bahn, auf der ich flüssig sein kann, zielstrebig, fahrend eben. Also gleite ich ruhig hindurch, stets offen für Unerwartetes …

Eine halbe Stunde später: … das Evangelium ist verkündet, das Credo gelesen, der Kelch gefüllt. Jetzt reicht der Ministrant das Weihrauchgefäß an, die Kupferketten rasseln leise beim Öffnen, die Weihrauchkörner knistern und zischen auf der rotglühenden Kohle. Blaues Gewölk, süßherber Duft, der Wortstrom geht weiter. Vor dem Haus das Pfeifen und Rütteln der Müllabfuhr wie jeden Dienstag nach acht. Ihre orangefarbenen Männer werden in der Vorstellung kurz zu Co-Ministranten (wegen ihrer Zweiheit und ihres verlässlichen Mittuns jeden Dienstag?) Immer weiter und weiter das Einleben ins Opfergeschehen, verwachsen damit, einruhen. Hinten links knistert, nach mehrmaligem Husten, Zellophanpapier …

Im Café dann: … die Musik im Hintergrund webt ein wummerndes Muster. Dieses und mein eigenes (Gefühls-)Muster verflechten sich, während draußen der Regen alles zerstreift und silbrig überglänzt. Gelbgrau dagegen der Rauch der Schüler am Fensterplatz (hätten die nicht Unterricht jetzt?). Verraucht bald auch ich, meine Kleider jedenfalls. Kaffeeschaum, Zuckergeriesel. Bittersüße Lösung …

Am Nachmittag im Gespräch: … nach einigem Plaudern und herzlichem Lachen dann unvermittelt (fast wie abgesprochen) die charakteristische Stille. Wer ergreift nun das Wort? Das Kerzenlicht uns gegenüber zwischen den Fenstern scheint auch schon zu lauschen. Dann der erste Tropfen, und der Wortstrom kommt in Fluss. Zwischen uns wachsen die Bilder einer Lebensgeschichte. Sprechen und Hören gehen ineinander: atmender Sprachraum. Gemeinsames Erleiden der Fragen. Achtung! Jetzt nur langsam! Nichts Voreiliges. Lieber ratlos eine Weile verstummen. Hör mal, das Klickern der überlaufenden Dachrinne und der helle Summton der Heizung. Antwort kommt lieber unerwartet. Wer vernimmt sie zuerst? …

An der Kreuzung: … schon die ersten Lichtreklamen. Ihr Gelb steigert das Dämmerungsblau. Feierabendverkehr. Zwischendurch die ersten Amselrufe, zu Herzen gehend. Die Autos haben Grün, ich schließe die Augen und verfolge ihr Konzert, ihr Starten und Hupen, ihr Verebben. Ich suche vergeblich Namen für die Farben ihrer Stimmen, so fest sind sie meiner Gewohnheit eingebrannt. – Erst nach einigen Ampelphasen öffne ich die Augen wieder. Die Überraschung jetzt: Das Licht ist anders geworden, freundlicher, weiter der Platz! Die Straßen als offenes Flussbett für alles jetzt: Lastwagen, Lichtreklame, Wolken und Leute. Wer rollt wen zum Kiesel? …

Abends dann beim Rückblick auf den Tag (und jeder kann selber noch seine Erinnerungen da hinzufügen und so die Bildfolge berreichern und ergänzen) die Frage aufkommen fühlen: *Wo* bist du heute gewesen? Wo bist *du* gewesen? Das heißt, wann warst du eigentlich du *selbst*?

In der Kirche mehr als auf der Straße?
Im Gespräch mehr als beim Autofahren oder im Café?
Nach was befragst du die Stationen deines Tages? Danach, was dein Ich-Bild am stärksten widerspiegelte und dieses (be)stärkte, danach, was dich aufbaute oder dir zur Last wurde? Danach, womit du dich identifizieren konntest? Oder könnte es nicht sein, dass solches selbstbezogene Fragen, Ausschauhalten und Identifizieren schon gleichbedeutend ist mit falsch fragen, nämlich: »Da *oder* dort?«
Kehren wir probehalber einmal die Frage um: Wann gab ich den Dingen um mich herum am meisten das Gefühl der Bestätigung? Wann pflegte und stärkte ich ihr Dasein, ihr Selbstbewusstsein? Wenn ich so frage, wo bin ich dann? Da *und* dort (wie »der Blitz« im Lukasevangelium). In den Dingen und Wesen, zumindest zwischen ihnen und mir, im Klang und Nachklang jeglicher Begegnung:

Die Autofahrt, der Gottesdienst samt Müllabfuhr, das Café, das Gespräch, die Kreuzung – ich war jeweils das Durchgängige, ich war ja vom einen zum andern gekommen und hatte von einer Station etwas zur andern getragen, hatte sie miteinander verbunden, hatte sie, die sich doch nicht kannten, miteinander in einen Austausch gebracht (ins Gleichgewicht?), ins Gespräch. (Was hatten die orangefarbenen Polterer der rotglühenden Kohle, was hatten sie beide der Amsel später an der Kreuzung oder dem Licht dort und immer auch umgekehrt, was hatten sie einander zu sagen? Die Andacht dem Berufsverkehr, das Berghinabfahren dem Gesprächsverlauf ...?)
Und noch mal nach mir in all dem gefragt: Ich war (nur?) der Verwebende, ich war/bin der Hindurchgehende! Und indem ich mein Ich begreife in einer solchermaßen verbindenden, flüssigen, miteinander bekannt machenden Tätigkeit, indem ich mein Verweilen und Verlassen, mein Neubetreten der unterschiedlichsten Orte und Stimmungen anschaue und rückblickend nachschmecke, indem ich nachsinne dem tagsüber entstandenen Gesprächsweg, fängt etwas an, was über die Einzelheiten und Einzelwerte

hinausgeht. Denn meine so geartete Ich-Erfahrung (Ich-Betrachtung) ist gleichzeitig Verarbeitung, ist Verdauung und also Verwandlung: ein Willensvorgang (wer hätte es gedacht?), eine Transforma(k)tion!
Der Tag wird mir zum bewegten Bild, und die Bilder werden durchscheinend, werden leichter jedenfalls, weil im Fluss.

Bedingung für eine solche Wahrnehmungs-Handlung ist allerdings meine Positivität. Positivität gegenüber dem, was mir da so stationär auf meinem Tagesweg begegnet (und nicht zuletzt auch gegenüber dem, der sie alle miteinander verquickt, erquickt?: gegenüber mir selbst). Sonst blocke ich ab, sonst stoße ich weg und alles bleibt stumm.
Erinnern wir uns an die Gemütshaltung, derer es bedarf, um ein Nachbild aufleben zu lassen. Jener nichts-wollende, nicht fixierende, periphere und doch konzentrierte Blick, die Technik der Meditation, sie ist auch hier wieder nötig, um das Durchscheinende überhaupt zu bemerken, um offen zu sein für das Leben, das sich hier zeigt. Über-sich-selbst-hinauswachsen, Selbstwahrnehmung und Weltwahrnehmung gehen dann in eins.
»Wer bin ich?« – diese Frage wird so unversehens zu einer Christusfrage.
»Bist du der Christus?« war die Frage des Hohenpriesters gewesen. Antwort: »Du musst es sagen«, du musst es mir zusprechen, damit ich es dir auch sein kann …
Was sprechen wir einem Menschen, einem Ort, einer Begebenheit zu? Unsere Umgebung fragt jedenfalls immer: Was sprichst du mir zu, dass ich's dir sein kann? Wie ergänzt du mich, indem du dein Ich (auch) durch mich begreifst?

»Der Lauf des Tags, gerade mit seinen Engen, bewußtgemacht – ist das nicht schon eine Art von Verwandlung? –, kann mir, wie nichts sonst, bedeuten, *wie ich bin!* Innehalten in deiner ewigen Unruhe, und es kommt zur Ruhe auf der Flucht. Und indem es zur Ruhe kam auf der Flucht, kam es zum Hören.« (P. Handke, *Versuch über den geglückten Tag*)

Jetzt wird deutlich: Unsere Fähigkeit zur Empathie, unsere Nachbild- oder Zwischenraum-Arbeit tagein, tagaus macht uns zu potentiellen Seelsorgern, zu Hörenden, Lauschenden, wo und mit wem, wann und womit wir auch immer zusammentreffen. (Vergl. Traktat Nr. 7 von Meister Eckhart, Kap. 1)
Dass auch ein Ort eine Seele, ein Schicksal hat; wer will es bezweifeln?

»Was hab' ich mit Pforzheim am Hut?«, lautete einmal ein zwar salopp formuliertes, aber deswegen nicht lieblos gemeintes Podiumsgespräch in unserer Gemeinde. Diese Frage brannte uns unter den Nägeln, sie musste bewegt werden. Warum?
Kurzer Steckbrief der Stadt: völlig zerstört am 23. Februar (Lazarustag) 1945. Damals tatsächlich gestellte Frage: Sollen wir diese Stadt überhaupt wieder aufbauen oder besser von der Landkarte streichen und weiterziehen? Heute steht sie zwar wieder da und funktioniert, aber ... »Was fehlt ihr denn, was fehlt uns denn?«, wurde oft und auch an jenem Gemeindeabend gefragt. Schnell waren all die Hässlichkeiten aufgezählt, die Bausünden, die Mängel. Aber das gibt es doch heute überall. Worin besteht das Loch, das hinter den sichtbaren Mängeln wirkt? Steht die Stadt immer noch unter Schock, die eigentlichen Wunden wären nicht verheilt, nur überblendet, ›verbaut‹?
Was tun? Ein Verschönerungsverein wurde just in den Tagen unseres Gespräches gegründet: »Mehr Straßencafés, mehr Kunst im öffentlichen Raum, mehr Zonen zum Schlendern.« Gut. Und was bleibt außerdem zu tun?

Ich lud kurze Zeit darauf ein zu einem Spaziergang durch die Stadt. Für einen Weg von einer halben Stunde brauchten wir gute zwei Stunden. Häuserfronten, Straßen samt ihren Geräuschen, Schilder, ein Lüftungskasten und andere Details – nichts sollte uns entgehen, alles versuchten wir ohne Wertung einfach anzuschauen. Als handelte es sich um eine abstrakte Skulptur (»ohne Titel«), die eben diese und jene Rhythmen, Färbungen und Strukturen etc. aufweist. Wir beschrieben uns das alles gegenseitig (als könnten einige nichts sehen), wir suchten Worte. Und indem wir sie fanden, indem wir Sichtbares in Sprache nur übersetzten und gleichen Abstand zu allen Dingen einhielten, wurde es leichter um uns.

Am Tag danach: Jener alte verrostete Lüftungskasten in der überlauten, dunklen Kurve dort, war's nicht, als winkte er mir zu, so, als kennten wir uns? War's nicht, als wäre auch ein Zwinkern dabei, und erwischte ich mich nicht dabei, freundlich zurückzulächeln, hin zum alten Bekannten? Hatte unser Interesse, unser Fabulieren gestern die Dinge alle zu neuem Leben erweckt (Daseinsfreude) und waren sie nun übervoll von Resonanz? War nicht so etwas wie ein allgemeiner Humor auferstanden? Ja! Auch andere berichteten davon.
Ermutigt durch solches Echo, folgte Monate später eine Performance:

23. Februar 1999. Eiskalter Tag mit Schneeflocken im Wind. Der Fluss führte hohes Wasser, braun aufgewühlte Nordseewellen. Wir trafen uns vor der Kirche; jeder hatte einen alten Küchenstuhl dabei. Darauf nahmen wir Platz, in einer Reihe auf dem Bürgersteig, so, wie Kinder Zugfahren spielen. Der Weg stand fest: ins Zentrum der Stadt, zum Leopoldsplatz. Noch war's uns warm. Dicke Mäntel, gleich zwei übereinander, Thermoskanne im Rucksack. Die Expedition konnte beginnen. Wir waren zu neunt.
Der zuletzt Sitzende stand auf, nahm seinen Stuhl und überholte alle andern. Ging noch weitere zehn Schritte über den ersten Platz hinaus. Dort setzte er sich, den Blick nach vorn gerichtet. Kaum saß er, erhob sich der nun Letzte und ging nach demselben Muster an allen wieder vorbei und übernahm zehn Schritte vor dem ersten die Führung. Auf diese Weise bewegten wir uns wie eine riesige Raupe langsam voran. Das aber war nur unsere Daseinsform! Was hatten wir dabei sonst noch zu tun? Nichts Geringeres, als die Ruhe zu bewahren (was denken die Leute von uns, was tun, wenn ...) und zu schauen. Einfach teilzunehmen an diesem besonderen Tag mit seinen Passanten, seiner Mittagsstimmung jetzt, an allem, was da kommen mochte.

Kaum hatte unser Zug losgelegt und die Enzbrücke erreicht, da wurden Einzelne von uns auf ihren Stühlen bemerkt. Die Leute stutzten, sahen zunächst nur Einen, dann nach und nach erst die andern. Aha!, eine ganze Mannschaft! «Was machen Sie denn da? Ist das hier eine Demonstration? Gegen was sitzen Sie denn?«
In den nächsten zwei Stunden wurde ständig mindestens einer von uns gefragt. Wir hatten es versäumt, auszumachen, ob wir uns überhaupt auf so etwas einlassen sollten oder ob wir stur geradeaus starren würden. Es war unser Glück, dass wir auch dies spontan akzeptierten als Wahrzunehmendes, dass wir diese Kurzgespräche nicht verweigerten. «Nein, nein, wir sitzen nicht gegen etwas, vielmehr für etwas. Wir wollen schlicht einmal sehen, wie es der Stadt heute am Jahrestag ihrer Zerstörung geht ...«, oder: »Wir wollen die Stadt *bewohnen*, einfach dasein und hinschauen, was geschieht zwischen den Zeilen ...«
Das Verrückte dabei: Die Menschen hatten nicht nur kein Unverständnis, sondern sie sahen das ein! »Wenn ich einen Stuhl dabei hätte, würde ich mich dazusetzen«. (Auf solchen eventuellen Zuwachs waren wir leider nicht vorbereitet.) Oder: »Ich gehe jetzt gleich heim und erzähl' das meinem Mann! Dass ihr so was macht! Das können wir Alten halt nicht mehr. Aber macht ihr es für uns!«
Inzwischen war es uns bitterkalt geworden. Der Eiswind hatte gesiegt und meine zwei Mäntel waren wirkungslos geworden. Jetzt nur tief durchatmen! Mein Vorsitzer hatte es gut: Gerade überreichte ihm eine mitfühlende Verkäuferin einer Bäckerei eine dampfende Tasse Kaffee!
Endlich der Leopoldsplatz! Bis alle dort angekommen waren! Jetzt nur keine Ungeduld. Wir formierten uns langsam in einem Rechteck, nahmen Gestalt an: drei mal drei. So, als Block, saßen und blickten wir nach Norden gerichtet, dann, an jeweils einer anderen Stelle des Platzes, nach Süden, nach Osten und zum guten Schluss nach Westen, wo der leicht angeschneite Wallberg (Kriegsschuttberg) mit seiner jetzt weißen Kuppe das Häuserpanorama überwölbte.
Allen vier Himmelsrichtungen widmeten wir für fünf Minuten

unsere frostgeprüfte Aufmerksamkeit. Dann aber nach Hause! Dort dann Heldengelächter im Warmen.
Diese Stuhl-Aktion war eine Vorbereitung gewesen, ein Schritt auf dem Weg zu unserer Osterperformance, die auf dem Leopoldsplatz (im Jugoslawien- und Kosovo-Jahr '99) stattfinden sollte, unter dem Namen PSALM, nach dem Gedicht von Paul Celan, das darin eine Rolle spielte.
Im Februar, zur Zeit unseres ersten Vorstoßes allerdings, stand noch gar nichts fest, was die Aktion zu Ostern betraf. Wir wollten anfangen mit nichts als dem puren Hinschauen und Hingehen. Alles andere würde sich daraus und aus dem Nachbild schon ergeben.

Wie steht nun der kultische Gottesdienst zu alledem?
Wie verhält es sich mit ihm im Hinblick auf diese Wahrnehmungsfragen?

Hier scheint nun alles gegeben zu sein: Die große, überlieferte Form des Kultus und der noch größere, in ihn sich hinein ergießende Inhalt. Das Ritual, bestehend aus dem heiligen Wortlaut, Evangelium, Opferung, Wandlung, Kommunion. Bestehend auch aus den Gebärden und Bewegungsabläufen am Altar. Alles ist festgelegt und wohlgeordnet. Die sieben Leuchter, die Gewänder, die kultischen Farben, die Substanzen. Brot, Wasser, Wein. Der goldene Kelch, Inbegriff der Vollendung.
Das Altarbild, die Musik? Hier vielleicht am ehesten noch eine Nahtstelle zum Veränderlichen, Unperfekten, zum Tastenden? Aber alles spezifisch Kultische, ist's nicht fertig und als solches nur noch aufzunehmen, innerlich nachzuahmen: hehres Bild, in das wir hineinwachsen, zu dem wir uns erheben dürfen? Erbauung?
Ich versuche nun in die Zwischenräumlichkeit und Nachbild-Dimension der Menschenweihehandlung hineinzuleuchten durch einen Vergleich: Was im 2. Kapitel in fünf Stationen als Mitteerzeugend beschrieben wurde, kann es auch im Kultus methodisch angewandt werden?

Cage: Aktionskunst. Der Geher neben dem Tänzer, sein Achten auf den Zwischenraum, seine Gesinnung: »Mein Wunsch ist es, allem meine Aufmerksamkeit zu schenken«, bzw. »wunschlos zu sein«.

Wie ist es mit der Aufmerksamkeit in der Weihehandlung? Der permanente Versuch, sich zu konzentrieren auf das Geschehen, den roten Faden zu verfolgen, mitzudenken, mitzufühlen, mitzuwollen und so seine Seelenkräfte selbstlos zur Verfügung zu stellen, zu opfern … Aber was ist »das Geschehen«, was definiert den roten Faden?

Bin ich schon abgelenkt, wenn ich auf das Licht blicke, wie es bei wechselnder Bewölkung durch's Fenster hereinspielt? Bin ich schon unkonzentriert, wenn ich beim Hören der pfeifenden, rumpelnden Müllabfuhr mir die orangefarbenen Arbeiter da draußen vorstelle? Bin ich schon selbstbezogen, wenn in meinen Gedanken ein Erlebnis von gestern sich hineinmischt ins Hören des Credos jetzt oder in den Duft des Weihrauchs?

Oder hängt das von etwas anderem noch ab? Davon nämlich, ob es mir gelingt, zwischen allen rituellen, allen natürlichen und allen inneren Erscheinungen frei zu stehen und nichts wünschend, nichts wertend, aufzumerken, flüssig zu werden im Strom sämtlicher Ereignisse. Stell dich positiv zu allen Erscheinungen (»alles zu Gott kehren«), selbst zum Knistern des Bonbonpapiers, werde fromm gegenüber allem: Denn es ist jetzt Bestandteil dieser Stunde, dieses Dienstes, dieser Wahrnehmungs- und Wahrmachungs-Aktion. Sei du bloß der Hindurchgehende, der Vermittelnde. Feiere die Zwischenräume, heiße sie willkommen! In ihnen ist's, was sich hier zeigen will. Hier blüht es.

Handke, übermüdet am Central Parc: Wie er seine Müdigkeit nutzt, wie er sie instrumentalisiert, um ganz anders aufzuwachen in der Peripherie, für die Peripherie, um von sich loszukommen und erst recht dialogfähig zu werden als Zuschauer. Zuschauen als Tat, die sogar etwas zu verändern vermag (»greif ein mit deinem Zuschauen!«). Frieden erzeugendes Blicken. Im Kapitel Niemandsbucht ist deutlich geworden, dass Handke diesen Blick dann auch ohne vorhandene Müdigkeit kultiviert hat, er konnte ihn schließlich souverän einsetzen.

Ein solcher meditativ-schöpferischer Blick, der mich mitnimmt und hinausführt zu den Dingen und Abläufen außerhalb von mir, er ist geradezu prädestiniert für die Tat an der Schwelle, wie die Heilige Handlung auch genannt werden kann. Denn diese Tat ist eben nicht nur die des Priesters. Derselbe bedarf des Windes unter seine Flügel, um alle Anwesenden, um alles Anwesende auch mitzunehmen, um sich oder besser: sein Handeln damit hinaufzuschwingen, hinaufzuarbeiten auf die hier zu erklimmende Höhe. Und solchen Windhauch erzeugt mein selbstloses Zuschauen.

Lusseyran: »Das Sehen wurde für mich zu einer außerordentlich einfachen Betätigung … ich zog aus ihr ein Gefühl der Ruhe, ja des Gleichgewichts, als ob mich mein Gesichtssinn, dieser im Zentrum meines Wesens liegende Sinn konfliktlos in eine gleiche Distanz zu allen Dingen gerückt hätte, in eine richtige Distanz.«

Das sagt der Blinde!
Bin ich nicht, gegenüber dem geistigen Geschehen der Weihehandlung, gegenüber dem Sakrament (man bedenke nur: Transsubstantiation!) auch ein Blinder? Aber nicht hoffnungslos blind, sondern grundsätzlich begabt mit der Überwindung meiner Blindheit, mit ihrer Verwandlung in »eine außerordentlich einfache Betätigung«, die dann, bei Wahrung des Gleichgewichts und einer gleichbleibenden Distanz zu allen Phänomenen der Weihehandlung einschließlich ihrer Begleiterscheinungen (siehe oben), erst recht zu einem Sehen wird, auf höherer, auf entscheidender Ebene.

Steiners Plastik: Christus zwischen Ahriman und Luzifer. Die ausgleichende Mitte, Durchgangsort. Geburtsort.

Und ich?
Die Weihehandlung spricht von meinen Abirrungen und Schwächen, diese seien zu dem göttlichen Weltengrund geflossen. Und deswegen bringe ich jetzt auch das Opfer, das ebenfalls dorthin fließen möge. Als Darbringer dieses Opfers bin ich nicht plötzlich herausgehoben aus meinen mich sonst auch flankierenden Dunkelheiten und Grellheiten! Vielmehr bringe ich das Opfer *mit* ihnen.
Also auch ich: In der Mitte zwischen Ahriman und Luzifer. Sie gehören zu meiner Mandorla. Ich schaue sie an. Im Opfern bin ich ausgleichend, zwischen beiden, vermittelnd im wahrsten Sinne des Wortes, und dadurch wandlungsfähig, Geburtsort. Nicht durch eigene Anstrengung allein, sondern weil mein Opfer und das Christusopfer immer aufeinander zustreben und sich gegenseitig beantworten, sich befürworten. Selbsterkennis und Christuskenntnis.

Beuys' Fettecke: Zusammenführung zweier Pole, Begegnung und Wirksamkeit zweier Substanzen. In ihrer Mitte entsteht eine neue Kraft. So wird ein Bewegungsvorgang zur Plastik, die weiterschwingt.

Die Menschenweihehandlung ist ein Bewegungsvorgang, der Brot und Wein in Beziehung zueinander setzt. Im Betrachten, Besprechen und Behandeln dieser beiden Pole, im bewegten Hin und Her zwischen ihnen, entsteht eine neue Plastik, die weiterschwingt und transsubstantiiert: zu Leib und Blut Christi.
Beuys sprach vom Gegenbildprozess: »Eine lichte Welt, eine klare, lichte, unter Umständen eine übersinnlich geistige Welt damit sozusagen zu provozieren, durch eine Sache, die ganz anders aussieht …« – Brot sieht ganz anders aus als der geistige Leib Christi. Und ebenso der Wein: Traubensaft vermischt mit Wasser ist etwas ganz anderes als das vergeistigte Blut Christi. Aber das Nachbild, erzeugt an Brot und Wein im Prozess der Weihehandlung: »Eine lichte, übersinnliche, geistige Welt.«
Irdische Substanzen als Widerlager für eine sakramentale Handlung. Darum ist es wieder wichtig, dass Gottesdienst eine Angelegenheit für die Sinne ist: Damit mein Hören und Sehen, mein Riechen, Tasten und Schmecken (im Alltag die Garanten des Wirklichen) auch hier Zeugen und Täter der Verwandlung sind, der Verwandlung hin zu neuer Wirklichkeit.
Himmel und Erde, Geist und Materie, der alte, dualistische Widerspruch wird überwunden und geheilt: Kommunion.

Durch den Vergleich mit den fünf Stationen der zweiten Kapitels wollte ich anschaubar machen, wie auch im Kultus Mitte als geistige Qualität, als ätherische Realität, in einem schöpferischen Prozess erst entsteht. Durch die Art und Weise, *wie* ich wahrnehme.

Mitte also als Geburtsvorgang und Neulandgewinnung.
Glaube wird so zur Kunst, neues Sein zu schaffen.

Dennoch ist die Menschenweihehandlung umfassend genug, gleichzeitig auch noch andere Mittebildner (vergl. Kap. 5, S. 72) aufzuweisen. Es ist kein Stilbruch, dass auch archaische Elemente eine Rolle spielen. Die sind überall da, wo in sich selbst ruhende, absolute, zeichenhafte Formelemente eingesetzt sind, zum Beispiel in der Anordnung des Altars und der sieben Kerzen, in den Gewändern und Gebärden, im Gold des Kelches und nicht zuletzt in der Ritus-Sprache mit ihren Wiederholungen und mantrischen Wendungen. – Das ist die *urbildliche* Ebene des Kultus. Mitte wird hier als Ordnung erlebt, als Gesetz.

Eine andere Ebene ist die *abbildende*, die mit Vorbildern arbeitet, die Ebene der inhaltlichen Darstellung und der Ideale. Mitte wird hier als moralische Kraft erlebt.

Die dritte Ebene ist die der *Nachbilder* und Zwischenräume. Sie ist zunächst formlos und inhaltslos, physisch betrachtet ein Nichts. Im Nichts aber steht er, der König. Da steht er in seiner Mandorla. Mitte wird hier als Bewegung erlebt, als Leben, als Lebensströmung.

Dass die Menschenweihehandlung so verschiedene Ebenen integriert, zeugt für ihre epochenübergreifende und, Jean Gebser würde sagen »aperspektivische« Gestalt, die gerade in solcher Mehrdimensionalität wiederum Zwischenräume aufweist, in die der Mitvollziehende mit dem Zelebranten hineingehen kann, in denen er sich frei bewegen und somit auch gegenüber alten Elementen ein ganz neues, individuelles Verhältnis einnehmen kann.

Wie steht nun in dieser vielschichtigen, dynamischen Gesamtgestalt das Altarbild? Es ist ein Bild im Bild: Ein »kleines«, gemaltes Bild im »großen« Bild des Kultus. Das heißt aber, es ist nicht isoliert zu betrachten und zu beurteilen. Da sind bereits Farben, Formen und Bewegungen im unmittelbar angrenzenden Umkreis, die ebenfalls als Bild ernstgenommen werden wollen, als Bild betrachtet werden wollen. Sie tingieren und ergänzen das Altarbild, wenn es sich denn ergänzen lässt! Es darf ergänzungsbedürftig sein, darf sich von den kultischen Farben usw. beleben lassen, braucht also nicht selbst in vollem Umfange alles zu besitzen: Die Kunst kann aktiv verzichten auf alle suggestive Kraft, auf alles Gefällige, kann frei werden vom selbstbezogenen Anspruch auf Herrlichkeit.[*]

Stattdessen kann sie der Schauplatz sein des Kampfes zwischen dem Schönen und dem Hässlichen (vergl. Kap. 5, S. 77) um in der Balance dann sich zu öffnen.

Die Betrachtung der kunsthistorischen Antlitzreihe im 5. Kapitel hat den Weg nachgezeichnet, den die Bildende Kunst selbst gegangen ist. Ein heutiger Altarbildmaler kann mit den neuen Wahrnehmungsmöglichkeiten der Menschen rechnen, er kann diesen entgegenarbeiten, ihnen einen Widerstand bieten, reich an Zwischenräumen, an dem sich eine Imagination des Christus konkret entzünden kann.

Er muss nicht die religiöse Blickerwartung möglichst schnell befriedigen. Er darf vielmehr Vertrauen haben in ein wachsendes Sehvermögen auf Seiten derer, die sein Werk betrachten. Und er wird gut daran tun, sich der *Absicht* (ich will/soll IHN malen) zu entledigen und sich anzufreunden mit dem Satz: »Du sollst dir kein Bildnis machen.«

Kein Bildnis, das den Kommenden illustriert und festlegt, sondern ein Gebilde, das wie ein Instrument benützt werden kann, um in Richtung des Christus zu blicken: Antlitz – und Kreuzspuren, die im Wahrnehmungsprozess zu Kristallisationskeimen werden können. Dann geschieht, was ein 9-jähriges Kind so einfach sagte: »Der Christus mischelt sich in jedes Bild ein. Der mag da drin sein.«

Nachwort

Die Tage der letzten Korrekturen und Überarbeitungen der Kapitel sind zugleich Tage im Nachklang des 11. September. Man redet wieder von den Bösen und den Guten, man bezieht Stellung – oder aber man fühlt sich zwischen allen Fronten, ohnmächtig, fragend. Die Hauptfrage, weltweit gestellt, ist zweifellos: Was können wir tun? Gemeint ist: Was kann ich tun, hier an meinem täglichen Wohn- und Arbeitsort, angewiesen auf Nachrichten, auf Information.
Dem Einzelnen bleibt doch, das ihm zu Verfügung stehende Panorama der Geschehnisse, ebenso wie das seines eigenen Tagesablaufes, immer wieder im Augenschein zu nehmen, den Lauf der Dinge zum Gegenstand ruhevoller, selbstloser Betrachtung zu machen und in die Zwischenräume hineinzugehen. Dort für Minuten zu stehen, gleichen Abstand gegenüber allen Dingen einzunehmen, sie abzuwägen und zwischen ihnen Balance herzustellen, das heisst selbst ihre Mitte zu sein, es in der Mitte auszuhalten und dann zu schauen: Was wird da sichtbar? Was ist das Antlitz, das (mich) daraus (an)blickt? Was will daraus werden? In solchen Augenblicken der Wachsamkeit wächst etwas, da kommt etwas hinzu, was mehr ist, als ich und das, was ich da gerade bedenke. Der Augenblick öffnet sich für das Überzeitliche.

»Ruhe ist nicht in der Welt, sondern in dem ruhevollen Blick, den wir auf die Welt richten.« (J. Lusseyran)
Ebenso gilt: Friede ist nicht in der Welt, sondern in dem friedvollen Blick, den wir auf die Welt richten.

Pforzheim, 9.11.2001

Anmerkungen

Seite 9	Mandorla. Aus: Die Niemandsrose
Seite 16	Richard Kostelanetz: John Cage im Gespräch, S. 144f.
Seite 17	Zu beiden Händen. Aus: Die Niemandsrose
Seite 19	Jacques Lusseyran: Das wiedergefundene Licht
Seite 20	Jacques Lusseyran: Das Leben beginnt heute
Seite 21	Rudolf Steiner: Zitate aus »Die Sendung Michaels« 10. Vortrag, 13.12.1919. GA 194
Seite 25	Die vier Strophen des Gecihts sind auf die Seiten 17–22 verteilt
Seite 33	Volker Harlan: Was ist Kunst? Werkstattgespräch mit Beuys, S. 110
–	Baruch L. Urieli und Hans Müller-Wiedemann: Übungswege zur Erfahrung des Ätherischen
–	Rudolf Steiner: Die Sendung Michaels, 6. Vortrag vom 30. Nov. 1919
Seite 81	Sprich auch du. Aus: Von Schwelle zu Schwelle
Seite 82	Paul Celan: : Meridian-Rede anlässlich der Verleihung des Georg-Büchner-Preises, 1960
Seite 84	Psalm. Aus: Die Niemandsrose
Seite 85	Stehen. Aus: Atemwende
Seite 103	Ähnliches ließe sich sagen über Kultusmusik und Kirchenbau, die mit ihren Mitteln dem Zwischenraumwesen dienen. Aber ich wollte mich hier beschränken auf die Altarbildkunst.

Quellen

Celan, Paul: Atemwende. Tübinger Ausgabe. Suhrkamp. Frankfurt am Main 2000 [erstmals 1967]

– Der Meridian und andere Prosa. Tübinger Ausgabe. Suhrkamp. Frankfurt am Main 1999 [erstmals 1961]

– Die Niemandsrose. Fischer. Frankfurt 1986 [erstmals 1963]

– Von Schwelle zu Schwelle. Deutsche Verlag-Anstalt. Stuttgart 1986 [erstmals 1955]

Felstiner, John: Paul Celan. Eine Biographie. Beck. München 1997

Handke, Peter: Mein Jahr in der Niemandsbucht. Ein Märchen aus den neuen Zeiten. Suhrkamp. Frankfurt am Main 2000 [erstmals 1994]

– Versuch über den geglückten Tag. Ein Wintertagtraum. Suhrkamp. Frankfurt am Main 1994 [erstmals 1991]

– Versuch über die Müdigkeit. Suhrkamp. Frankfurt am Main 1992 [erstmals 1989]

Harlan, Volker: Was ist Kunst? Werkstattgespräch mit Beuys. Verlag Urachhaus. Stuttgart 1986

Kostelanetz, Richard: John Cage im Gespräch. Zu Musik, Kunst und geistigen Fragen unserer Zeit. DuMont. Köln 1989

Lusseyran, Jacques: Das Leben beginnt heute. Klett-Cotta. Stuttgart ⁶2000 [erstmals 1975]

– Das wiedergefundene Licht. Klett-Cotta. Stuttgart ¹¹1994 [erstmals 1966]

Mennekes, Friedhelm: Beuys zu Christus. Eine Position im Gespräch. Verlag Katholisches Bibelwerk. Stuttgart 1989

Steiner, Rudolf: Die Sendung Michaels. Die Offenbarung der eigentlichen Geheimnisse des Menschenwesens. Zwölf Vorträge, Dornach 21. November bis 15. Dezember 1919 (GA 194) Rudolf Steiner Verlag. Dornach ⁴1994

Urieli, Baruch L. und Hans Müller-Wiedemann: Übungswege zur Erfahrung des Ätherischen. Empathie, Nachbild und neue Sozialethik. Hrsg. von Thomas Stöckli. Verlag am Goetheanum. Dornach 1995

Bildnachweis

Seite 2	© Anne Primke
Seite 55	© AKG, Berlin
Seite 61	© VG Bild-Kunst, Bonn, 2002
Seite 65	© VG Bild-Kunst, Bonn, 2002
Seite 67	© VG Bild-Kunst, Bonn, 2002

Textnachweis

Handke, *Mein Jahr in der Niemandsbucht* und Celan, *Atemwende* © Surhrkamp Verlag, Frankfurt am Main.

Celan, *Die Niemandsrose* © Fischer Verlag, Frankfurt am Main.

Celan, *Von Schwelle zu Schwelle* © Deutsche Verlags-Anstalt, Stuttgart.

Der Autor

Norbert Schaaf, geboren 1958 in Altenburg, studierte Eurythmie in Wien. Nach seiner Tätigkeit als Eurythmielehrer in Kassel besuchte er das Priesterseminar in Stuttgart und ist seit 1991 Pfarrer der Christengemeinschaft in Pforzheim. Die Beschäftigung mit zeitgenössischer Kunst führte ihn u.a. zu einer intensiven Auseinandersetzung mit dem Werk von Joseph Beuys. Er ist verheiratet und hat zwei Kinder.